本专著的内容来自以下科研项目的研究成果：

教育部人文社会科学研究西部和边疆地区项目（18XJC790003）

山东自然科学基金（博士基金）项目（ZR2017BG012）

广西自然科学基金青年项目（2018GXNSFBA281134）

广西高校中青年教师基础能力提升项目（2018KY0140）

本专著由广西民族大学商学院"管理科学与工程创新团队"、"广西高等学校千名中青年骨干教师培育计划"和广西民族大学"相思湖青年学者创新团队"出版经费资助

投资者情绪
对资产组合的影响研究

高斌 谢军 ◎ 著

中国财经出版传媒集团

经济科学出版社

Economic Science Press

图书在版编目（CIP）数据

投资者情绪对资产组合的影响研究/高斌，谢军著.
—北京：经济科学出版社，2019.10
ISBN 978 - 7 - 5218 - 0792 - 9

Ⅰ.①投…　Ⅱ.①高…②谢…　Ⅲ.①投资者 -
情绪 - 影响 - 资本市场 - 研究　Ⅳ.①F830.9

中国版本图书馆 CIP 数据核字（2019）第 183254 号

责任编辑：周国强
责任校对：刘　昕
责任印制：邱　天

投资者情绪对资产组合的影响研究
高　斌　谢　军　著
经济科学出版社出版、发行　新华书店经销
社址：北京市海淀区阜成路甲 28 号　邮编：100142
总编部电话：010 - 88191217　发行部电话：010 - 88191522
网址：www. esp. com. cn
电子邮件：esp@ esp. com. cn
天猫网店：经济科学出版社旗舰店
网址：http://jjkxcbs. tmall. com
固安华明印业有限公司印装
710 × 1000　16 开　12.25 印张　210000 字
2019 年 11 月第 1 版　2019 年 11 月第 1 次印刷
ISBN 978 - 7 - 5218 - 0792 - 9　定价：78.00 元
（图书出现印装问题，本社负责调换。电话：010 - 88191510）
（版权所有　侵权必究　打击盗版　举报热线：010 - 88191661
QQ：2242791300　营销中心电话：010 - 88191537
电子邮箱：dbts@ esp. com. cn）

前　　言

行为金融学主要通过分析金融市场主体在市场行为中的认知偏差和信念来寻求不同市场主体在不同环境下的经验理论及决策行为特征，力求建立一种能正确表现市场主体实际决策行为和市场运行状况的描述性模型。一方面，已有的行为金融研究大多基于投资者认知偏差，这些模型往往只关注各种市场异常现象的单独确认和异常解释，从而造成了现有模型的分散、无逻辑和内涵模糊问题。另一方面，通过分析投资者的信念来讨论行为金融理论模型构建的研究还较为少见。而作为投资者信念重要表征的投资者情绪可以综合体现多种心理、行为认知偏差，这为基于投资者情绪建立更为统一有效的行为金融学提供了可能。但是，在资产组合领域，如何基于投资者情绪对资产组合进行分析仍是学术研究界尚未解决的难题。

本书基于投资者情绪分析资产组合的构建问题，利用数理模型推导、数值分析及实证研究，讨论不同条件下投资者情绪对投资者构建资产组合的影响，并进一步利用本书构建的模型从投资者情绪的角度对分散风险不足、本土偏好等多种金融市场异象进行有效解释。本书主要创新点包括以下三个方面：

第一，构建了不同风险资产、不同市场的投资者情绪指标。首先，基于单只股票交易的高频数据计算了 BSI 变量，并结合换手率指标等其他单只股票投资者情绪代理变量通过主成分分析的方法构建了单只股票投资者情绪复合指标；同时，采用面板数据分析讨论了单只股票投资者情绪对单只股票收益的影响。其次，基于高频数据构建了股指期货市场投资者情绪指标，并且进一步通过 GJR-GARCH 模型分析了股指期货市场投资者情绪对股指期货各合约影响的日内效应。通过本书构建的股票市场单只股票投资者情绪及股指期货市场投资者情绪指标表明，投资者对不同风险资产有着不同的投资者情绪，并且该投资者情绪是影响风险资产表现的系统性因子。这正是本书基于不同风险资产投资者情绪建立投资者情绪影响矩阵并进一步构建资产组合模型的出发点，同时为从投资者情绪角度对资产组合理论探讨的可行性提供支持。

第二，基于投资者对不同风险资产有着不同的投资者情绪，讨论了投资者情绪影响下的资产组合构建问题。本书分别分析了投资者情绪对个人风险厌恶指标、认知收益和认知风险的影响，并由此探讨了投资者情绪对资产组合的影响。然后，本书更深入探讨了非对称度量风险下基于投资者情绪的资产组合构建问题，以及二元投资者情绪（单一风险资产投资者情绪与整体市场投资者情绪）影响下的资产组合构建问题。表明了投资者情绪是影响资产组合构建的重要系统性因子：投资者情绪影响着投资者从候选风险资产中抉择出拟投资风险资产，并且投资者投资于某风险资产的投资比例随着投资者对该风险资产的投资者情绪高昂而增加；资产组合的有效边界曲线随着投资者情绪的高涨而扩张；当不考虑风险资产相关性时，在非对称度量风险下的投资者情绪资产组合是与平均分配原则（$1/n$ 规则）基本一致的。

第三，通过对基于投资者情绪认知的资产组合进一步分析，建立了投资者情绪资本风险资产定价模型。本书构建的投资者情绪资本风险资产定价模型表明投资者情绪是风险资产定价的系统性因子。但是，资产价格并不是投资者情绪的单调增函数，使得资产价格随投资者情绪的变化呈现出两种可能。第一，存在投资者情绪的一个临界值 S_{BT}：当投资者情绪大于临界值 S_{BT} 时，投资者对资产的定价随着情绪的高涨反而下跌；当投资者情绪小于临界值 S_{BT} 时，投资者对资产的定价随着情绪的高涨而上涨。第二，存在投资者情绪的两个临界值 S_{BT} 和 S_{LT}（其中 S_{BT} 大于 S_{LT}）：当投资者情绪大于临界值 S_{BT} 时，投资者对资产的定价随着情绪的高涨反而下跌；当投资者情绪小于临界值 S_{BT} 且大于临界值 S_{LT} 时，投资者对资产的定价随着情绪的高涨而上升、随着情绪的低落而下跌；当投资者情绪小于临界值 S_{LT}，投资者对资产的定价随着情绪的低落反而上涨。

本专著的内容来自以下科研项目的研究成果：教育部人文社会科学研究西部和边疆地区项目（18XJC790003）、山东自然科学基金（博士基金）项目（ZR2017BG012）、广西自然科学基金青年项目（2018GXNSFBA281134）、广西高校中青年教师基础能力提升项目（2018KY0140）。

目　　录

第 1 章

绪　论

本章旨在梳理国内外研究脉络的基础上，指出本书的研究背景与研究意义，并通过说明本书的研究内容、采用的研究方法、研究步骤和研究路线，进一步归纳本书的研究创新点。

1.1　研究背景与意义

《中国统计年鉴》和国家统计局的数据表明，近年来我国的国内生产总值（GDP）增长迅猛。1978 年我国 GDP 为 3645.2 亿元，而到 2017 年 GDP 已达 827122 亿元，同比上年增长 6.9%，增速比上年提高了 0.2 个百分点。经济增长筑底企稳的态势持续巩固。其中，基础设施投资的快速增长以及进出口增速的快速反弹是经济取得较快增长的两个重要因素。经济增长"稳中趋缓"的态势还将延续。预计 2019 年，GDP 增长率将维持在 6.6% 的水平。其余指标方面显示，2018 年，CPI 将突破 2% 的水平，达到 2.13%，涨幅比 2017 年扩大 0.53 个百分点，PPI 将上涨 4.64%，涨幅较 2017 年缩小 1.66 个百分点。物价水平保持在可控范围，无明显的通胀风险；名义固定资产投资（不含农户）预计将增长 6.57%，增速比 2017 年下降 0.63 个百分点；名义社会消费品零售总额预计增长 10.60%，增速比 2017 年提高 0.30 个百分点；在世界经济的同步复苏带动下，2018 年中国出口总额（现价美元值）预计增长 9.65%，增速比 2017 年提高 1.75 个百分点；进口总额（现价美元值）增速为 12.32%，较 2017 年下降 3.58 个百分点。人民币对美元汇率的趋稳将继续减轻中国资本外流的压力。预计 2018 年外汇储备规模将扩大到 3.33 万亿美元。近年来，随着我国金融证券市场在社会经济体系中地位的确定以及社会经济的不断发展，我国的证券投资业已经取得了长足的发展。多样化的金融资产不仅能够客观反映投资者投资分散能力，也能较全面的衡量并反映一国的金融市场实力，甚至体现一个国家的综合实力。

证券投资的一个重要方面是资产组合的管理。资产组合选择的目的是将现有财富分配给不同的风险资产，达到分散风险、保证利润的目的。标准金融的资产组合理论，如马科维茨收益 - 风险模型（Markowitz，1952）、均值 - 绝对离差模型（Konno & Yamazaki，1991）、VAR 模型（Campbell et al.，2001）等，都假设投资者是理性、同质的，对风险资产收益的概率分布有一致的看法，并以此为依据构建了逻辑严密的资产组合理论模型。然而，金融市场上弗里德曼 - 萨维奇之谜（Friedman & Savage，1948）、本土偏好（French & Poterba，1991）、分散风险不足（Blume & Friend，1975）等大量标准金融理论难以解释的金融异象的出现，表明标准金融资产组合理论仍存在不足之处。与此同时，脑神经科学、心理及行为学实验的证据表明：投资者不是理性的投资者，而是受投资者心理、投资者情绪影响的"行为人"。针对标准金融的不足，并在基于脑神经科学、心理及行为学的研究成果上，行为金融试图结合标准金融理论与行为科学的研究成果来构建行为金融学模型，以对各种金融异象进行解释。但是，目前行为金融领域的资产组合理论模型大多建立在投资者心理认知偏差的基础上，往往一个模型只能解释一种异象，缺乏系统性。并且行为金融领域的资产组合模型，如：SP/A 理论（Lopes，1987）、行为资产组合理论（BPT）（Shefrin & Statman，2000），其模型主观参变量较多，难以较客观的确定，更加限制了模型的实际应用。

近来，投资者情绪由于可以较好地对多种心理认知偏差进行概括，因此逐渐成为行为金融的研究热点。然而，现今研究大多集中在投资者情绪与金融市场表现的实证研究上，缺少理论模型。如 SP/A 理论和行为资产组合理论仅用"希望"与"恐惧"作为投资者情绪因子对投资者情绪作用下的资产组合理论进行了简单说明。由此可见，目前基于投资者情绪的资产组合理论体系至今还没有形成，是行为金融研究领域迫切需要填补的一个研究方向。

在实际应用方面，我国加入世界贸易组织（WTO）后，国内金融业也正逐渐开始与全球一体化的金融体系相融合。随着投资基金业风险资产规模的迅猛扩张，广泛应用先进资产组合管理技术的投资基金业越来越受国家的重视。但是，我国经济和金融的运作、管理现状相对西方各国而言还处于落后阶段，在竞争上处于弱势。特别是我国的投资基金、投资机构不仅成长时间短，而且相对西方各国的投资基金、投资机构而言更缺乏实践经验。所以更需要对资产组合等金融理论进行深入实际的研究，才能在金融市场上获取优势。对于宏观金融监管部门而言，资产组合也是金融风险控制的一项重要手段，资产组合中风险的度量可以为监管部门对金融风险的管理与监控提供直接的帮助，而这正是金融监管部门的一项重要工作。

综上所述，无论是从完善行为金融学还是从实际应用方面都迫切需要对基于投资者情绪的资产组合理论进行深入研究。从行为金融学方面看，本书的研究为行为金融学建模提供了一条新的研究步骤，丰富了行为金融学的相关内容，有助于进一步推动行为金融学的发展。从实际应用方面看，本书的研究成果对于增强金融监管部门的风险管理与监控水平、提升投资机构的投资能力、提高个人投资者的投资抉择能力等方面都具有重要的现实意义。

1.2　研究问题的提出

本书首先理清资产组合相关理论模型和投资者情绪方面的研究文献，以明确本书研究的主题和切入点，并在此基础上进一步梳理本书研究领域的国内外研究脉络及顺承关系。主要包括两方面内容和目的：第一方面，理清资产组合理论及投资者情绪相关研究文献的学术谱系，明确基于投资者情绪的资产组合研究在金融学领域中的位置；第二方面，回顾并评述相关研究文献，并对相关模型、概念进行界定，提出本书的研究切入点，为后续章节的研究工作提供文献支持。

投资者情绪的定义：基于对风险资产未来现金流和投资风险的预期而形成的一种信念（Baker & Wurgler, 2006）。投资者情绪广义的定义是：人们对某种情况，不管任何外在原因，持有过度悲观态度或乐观态度（Antoniou et al., 2009）。

当前基于投资者情绪的资产组合研究主要表现在实证方面。大量实证研究表明市场投资者情绪是决定资产组合的重要因子。中国的市场（不包括香港、台湾市场）数据实证认为投资者情绪在投资者的风险资产配置过程中起重要的作用（Burdekin & Redfern，2009）。一些学者也实证探讨了爱国投资者情绪对资产组合的影响（Morse & Shive，2011）。在理论模型方面，现今已有的资产组合理论中，SP/A 模型（Lopes，1987）及行为风险资产组合理论（Shefrin & Statman，2000）都涉及了投资者情绪。这些学者把投资者情绪划分为两种——恐惧与希望，并认为恐惧和希望都会导致人们错误估计各种情况出现的概率，从而影响投资者的抉择判断。但是这些学者仅对投资者情绪进行了描述性探讨，没有进行量化研究。在 FF 模型中（Fama & French，2007），风险资产组合中也考虑了投资者偏好（投资者情绪）的影响，但缺少具体的组合模型。

　　脑神经科学研究认为投资者情绪对模糊性抉择决策有重大的影响，而且是迅速的，甚至可以说投资者情绪的作用是本能的。随着认知脑神经科学的发展，通过采用脑损伤、事件相关电位和功能磁共振成像等方法，脑神经科学在探索决策的加工过程及这些过程在人脑中的定位等方面获得了许多重要的研究最终结果。有学者研究发现，对刺激物的投资者情绪反应常常比认知评估来得更迅速，这种即时的投资者情绪反应为生物体的行为抉择提供了线索和依据，并影响生物体的判断、抉择，使得生物体的快速行动成为可能（Zajonc，1980）。有学者发现并指出："超出注意范围的危险刺激也许得不到皮层系统的加工，但是直接的路径并不受这类过滤系统的制约，它们将有关危险刺激的信息直接传递至杏仁核，而不管这类刺激是否出现在注意的范围之内。"即这些投资者情绪反应的作用在于中断现有的认知加工并将其重新引向最需要优先关注的问题——如迫在眉睫的危险源（Armony et al.，1997）。有些学者的研究为投资者情绪的这种直接作用提供了神经解剖方面的证据（LeDoux，1996）。这些学者发现人类大脑中存在着从感觉输入到杏仁核的直接神经投射。也有学者指出静脉注射普鲁卡因可以激活杏仁核，接受注射的个人会体验到恐慌以及其他强烈的不安投资者情绪（Servan-Schreiber & Perlstein，1998）。强烈的投资者情绪反应可以产生很少的认知参与，如研究人员发现，当杏仁核和其他恐惧区域受电刺激时，人们报告强烈的投资者恐惧情绪。如"某人正在追我""好像进入了一个又长又黑的通道"或"波浪从所有的方向袭来"，皮质好像试图对这些不具体的恐惧给出某种解释。

　　从上文知，脑神经科学、心理及行为学领域提供的直接证据都表明，投资者情绪对模糊性抉择决策有着重大影响，从基于投资者情绪来探讨资产组合问题将是行为金融新的重要研究方向。并且以往的研究大多是基于投资者情绪的某一因子，而不是基于投资者情绪整体。但基于投资者情绪整体来研究资产组合问题的一个难点就是投资者情绪的度量问题，所以在资产组合理论中，详细探讨投资者情绪的作用，需要量化投资者情绪，下面将对投资者情绪的代理变量进行总结。

　　投资者情绪广义的定义是：人们对某种情况，不管任何外在原因，感到过度悲观态度或乐观态度（Antoniou et al.，2009）。一直以来投资者情绪是一个抽象的概念，这使得众多的研究者使用了各种不同的变量来度量投资者情绪，下面我们并将这些变量按来源的不同划分为直接指标和间接指标两大类。

　　投资者情绪直接指标是指，主要通过对投资者的直接调查来询问其对未来一定时期经济市场发展的看法，一般把受访者的观点归类为看涨、看跌和看平三种态度，通过一定的数学计算如比率等，建立投资者的看涨投资者情绪或看跌投资者情绪。

　　常见的直接指标包括：投资者智能指标（Ⅱ）、Merrill Lynch 公司构建的"卖方指标"（the sell-side indicator）、美国个人投资者协会指标（AAII）、密歇根消费者信心指标（ICS）、会议委员会消费者信心指标（CBIND）、"央视看盘"机构投资者调查指标、"央视看盘"个人投资者调查指标、中国消费者信心指标。

　　各种市场调查投资者情绪指标一直受到国内外金融学者的重视。并且将直接指标作为投资者情绪代理变量来研究情绪指标对证券和股票市场的影响方面已经取得了一些相关成果和较为一致的研究结论，即投资者直接情绪对股票市场有重要的影响。直接指标不同于间接指标，它常通过问卷调查的形式统计出投资者情绪，因此能给出投资者情绪最直接的度量，往往很少具有争议性。然而鉴于国内各调查指标的易得性、连续性、准确性等因子不是很好，我们有必要在研究国内投资者情绪时，考虑投资者情绪指标度量的间接指标。

　　投资者情绪指标度量的间接指标一般指直接使用金融市场上的各种价格变量、市场数据等作为市场投资者情绪的度量。如使用封闭式基金折价率、新开账户数、换手率、机构持股比例，共同基金净买量、大小额交易占比等指标。

众多研究者对投资者间接单一性指标进行了大量研究。另外，还有股票IPO 数量、期权认沽认购比（put-call ratio）、涨跌比（ARMS）、机构持股占比、共同基金净赎回率、零股买卖率、小额交易占比等众多常用的投资者间接单一性指标。然而，单一的市场变量往往只能片面地表现市场部分投资者情绪，从而往往导致投资者情绪的研究结论不一致。

为全面的表现市场投资者情绪，对单个市场投资者情绪代理变量进行综合处理构造出能全面表现市场投资者情绪的指标成为度量投资者情绪间接指标的关键。在此方面较为著名的是 B-W 指标（Baker & Wurgler，2006），采用封闭式基金折价率、换手率指标、IPO 数量、IPO 首日收益率、新股发行占比以及分红等 6 个代理变量的月数据，运用主成分分析方法，构建了投资者情绪的复合指标。随后检验了该投资者情绪指标数值和 40 年来历史泡沫之间的图像验证关系，最终结果表明该投资者情绪指标能够很好地反映历史泡沫发生的时间。国内，张强和杨淑娥（2009），易志高和茅宁（2009），廖彩伶等（Liao et al.，2011），宋泽芳和李元（2012）也对这一综合性指标做了扩展性研究。在综合比较投资者情绪指标度量的直接指标和间接指标，鉴于金融市场的实际情况下，我们认为在抉择投资者情绪指标度量指标时，B-W 方法所构建的指标是个不错的抉择，然而在使用 B-W 方法构建投资者情绪指标时，抉择的代理变量需要根据实际情况来确定。如易志高和茅宁（2009）用 B-W 方法构建中国的投资者市场投资者情绪时，就使用了主成分的加总来定义投资者情绪。

总之，投资者间接指标利用客观数据对投资者情绪进行了度量。然而，单一代理变量表征投资者情绪的研究中，各方结论分歧较大。这可能是因为面对复杂的市场，仅以一个代理变量表征投资者情绪仍然比较片面，往往只表现了投资者情绪的某一方面特征。从而造就了数据对实证最终结果的偶然性，使得不同研究者得到的结论亦有不同。B-W 方法提出用主成分分析从多个单一性投资者情绪代理变量中提取出一个最重要的元素即为投资者情绪的综合代理变量。这一综合性指标克服了单一变量仅片面表现投资者情绪的缺陷，为真实表现投资者情绪及依据投资者情绪进行更深入的研究打下了基础。

本书将投资者情绪引入到资产组合模型的构建分析过程，探讨投资者情绪对资产组合构建的影响问题，具体需要深入探讨以下几个方面：

（1）投资者情绪的度量问题。一些学者通过主成分分析给出了股票市场上投资者情绪复合指标的度量方法（Baker & Wurgler，2006）。然而，由于资产组合的构建问题往往涉及不同的金融市场或不同的金融风险资产。所以，在具体讨论资产组合构建问题之前，首先要考虑投资者对不同市场甚至对同一市场的不同风险资产是否具有相同的投资者情绪？

（2）当考虑投资者情绪对个人风险厌恶指标的影响时，如何在基于投资者情绪下构建资产组合才能更有效地分散风险、确保收益，以达到构建最优资产组合的目标？

（3）当考虑投资者情绪对投资者的收益认知与风险判断同时产生影响时，基于投资者情绪的资产组合如何构建才能达到最优？

（4）基于投资者情绪的资产组合模型是否可以进一步推导出基于投资者情绪的资本风险资产定价模型，给出考虑投资者情绪影响下的风险资产价格？

（5）基于投资者情绪的资产组合模型是否可以对资产组合领域的众多金融市场异象进行有效、全面地解释？

1.3　研究内容与目的

1.3.1　研究内容

根据研究问题，本书的主要研究内容包括如下六大部分：

（1）单只股票投资者情绪及股指期货市场投资者情绪指标的构建及其影响研究。本书选取能表征单只股票投资者情绪的指标，以 B-W 方法构建复合的单只股票投资者情绪指标，并讨论了单只股票投资者情绪对单只股票收益的影响。然后，针对股票市场构建买卖不均衡指标（BSI），利用股指期货高频数据构建股指期货市场投资者情绪指标——多空不均衡指标（CPI），同时分析了股指期货投资者情绪对股指期货合约收益的影响。研究表明，在分析投资者情绪对风险资产的影响时，应当具体区分所讨论的金融市场及投资者对每一风险资产的投资者情绪，如此方能更准确、深入刻画投资者情绪的影响。这一结论为本书理论模型的研究奠定了坚实的基础。

（2）基于投资者情绪认知的资产组合构建。标准金融的资产组合理论认为投资者的个人风险厌恶指标是个人主观的统计系数，但其在构建模型时却忽略了投资者的心理、投资者情绪对个人风险厌恶指标的影响。为此，本书首先从投资者情绪对个人风险厌恶指标影响的角度、基于投资者对不同的风险资产有不同的投资者情绪，来构建资产组合模型以讨论投资者情绪对资产组合的影响。

通过本书的初步研究发现，投资者情绪对个人风险厌恶指标的影响效果等价于投资者情绪对风险资产风险识别与判断的影响效果。然而，事实上投资者受投资者情绪的影响，将对收益、风险的认知都产生认知偏差。所以，本书进一步深入地研究主观认知收益与主观认知风险共同作用下对资产组合的影响，并给出用于风险资产抉择的投资者情绪认知占优准则。同时，针对是否存在无风险资产及是否存在卖空限制，构建了本书核心模型——基于投资者情绪认知的资产组合模型。

（3）非对称度量风险下基于投资者情绪的资产组合模型构建。本书核心模型——基于投资者情绪认知的资产组合模型，所讨论的度量风险是对称度量风险——方差。然而，现实市场更多地以非对称度量风险来衡量风险。所以，本书更进一步讨论了下半离差价值度量风险下基于投资者情绪的资产组合构建问题，以探讨 $1/n$ 规则的理论基础。

（4）二元投资者情绪影响下资产组合构建。对投资者情绪的进一步深入细分，可以把投资者情绪划分为单一风险资产投资者情绪及整体市场投资者情绪。其中，单一风险资产投资者情绪表示的是投资者对单一风险资产的信念；整体市场投资者情绪表示的是投资者对市场整体的信念。基于这一划分，本书在考虑整体市场投资者情绪直接影响投资者的持仓比例（投资比例）情况下，构建基于二元投资者情绪的资产组合模型。

（5）基于投资者情绪的 CAPM 资本风险资产定价模型研究。通过本书核心模型——基于投资者情绪认知的资产组合模型，分别对是否存在无风险资产进行讨论，并进一步分析资产组合的有效边界曲线，给出投资者情绪资本风险资产定价模型。深入探讨了投资者情绪的影响，并对投资者情绪对风险资产定价的单调性进行了深刻分析。

（6）基于投资者情绪认知的 CAPM 资产组合模型对金融市场异象的解释。行为金融的一个重要任务就是对标准金融难以解释的金融市场异象进行有效解释。本书通过构建基于投资者情绪的资产组合模型对分散风险不足、本土偏好（本国偏好）、$1/n$ 规则等资产组合金融市场异象进行了有效解释。

1.3.2 研究目的

本书的研究目的是：基于投资者对不同风险资产有不同的投资者情绪，从理论推导、数值算例及实证研究视角，揭示投资者情绪对资产组合的影响，构建基于投资者情绪认知的资产组合模型。并深入讨论投资者情绪对收益认知及风险判断的影响，及刻画投资者情绪对构建资产组合的影响，为从投资者情绪的角度解释多种现实市场异象提供有力依据。

1.4 研究方法、步骤与技术路线

根据研究内容与研究目的，本书主要采用理论模型推导、数值算例和实证分析的研究方法。

（1）理论模型推导方面：以投资者对不同的风险资产有着不同的投资者情绪为切入点，构建基于投资者情绪认知的资产组合模型。利用多目标规划、线性规划、矩阵论等数学方法对模型进行求解。

（2）数值算例方面：利用 Matlab 数学软件对所构建的投资者情绪资产组合模型的有效边界曲线、数值解等进行数值算例，画出投资者情绪影响下的有效边界曲线图形。

（3）实证分析方面：利用 SAS 统计软件，主要采用多元统计分析、主成分分析、GJR-GARCH 建模、面板数据分析等分析方法，利用现实金融市场数据，研究金融市场投资行为，检验本书结论。

第一，投资者情绪是一个抽象的概念，当前对投资者情绪的研究，主要集中讨论投资者对股票市场整体的投资者情绪。对投资者情绪的度量指标主要采用单一指标（直接指标、间接指标）及复合指标方法（Baker & Wurgler, 2006）。这种股票市场投资者情绪实证证明，投资者对不同的市场有着不同的投资者情绪。本书研究表明，投资者对不同市场、不同的风险资产有着不同的投资者情绪，在分析投资者情绪对风险资产的影响时，须分清所属市场及区分不同的风险资产进行研究。本书以此为依据讨论多项风险资产构建资产组合的问题。

第二，目前行为金融领域资产组合的构建主要基于心理、行为认知偏差（如：过度自信、模糊厌恶和框架效应等），在行为资产组合理论（Shefrin & Statman，2000）中曾提到，希望、恐惧等投资者情绪的片面因子对资产组合的影响。然而，本书的研究将摒弃对投资者情绪片面因子的讨论，主要集中于讨论以投资者情绪复合指标为代理变量的投资者情绪整体对资产组合的影响。

第三，基于心理及行为学对投资者情绪的讨论表明，投资者情绪的影响是多方面的、复杂的。本书的研究将由易到难，首先从投资者情绪对相同情况下个人风险厌恶指标的影响为突破点，进一步研究不同的投资者情绪的个人风险厌恶指标矩阵，再进一步构建基于投资者情绪个人风险厌恶指标的资产组合模型。本书前期工作表明，投资者情绪对个人风险厌恶指标的影响，等价于其对风险识别与判断的影响。所以，随后本书同时分析投资者情绪对认知收益、认知风险的影响，构建本书的核心模型——基于投资者情绪认知的资产组合模型。

第四，本书在分析资产组合的构建过程中，基于投资者情绪讨论了股票市场中对各种投资异象的解释。然而，在各章节中对金融市场异象的分析比较零散，本书将在最后结论部分对各种投资异象基于投资者情绪的有效解释进行综合归纳总结。

1.5　本书结构

本书共分为九个部分，结构安排如下：

第1章，绪论。主要阐述本书的研究背景，提出研究问题，确定本书的主要内容和目的，展示本书的研究方法、步骤与技术路线，并归纳研究的创新点。对相关理论和应用研究成果以研究内容为分类进行梳理和总结，找到文献研究中的盲点并确定本书研究的切入点，进而确定本书的研究主题。

第 2 章，中国金融资产产品介绍。围绕本书研究的问题，对中国金融市场主要的产品（股票、债券、基金、期货、外汇）进行分类梳理和总结。

第 3 章，单只股票投资者情绪及股指期货市场投资者情绪的度量。本章利用股指期货市场高频数据展现的 8 种买卖性质所体现的投资者看涨、看跌信念，构建出股指期货市场投资者情绪指标，这表明投资者对不同市场有不同的投资者情绪。总之，通过本章的讨论表明，投资者对不同市场、不同的风险资产有着不同的投资者情绪，在分析投资者情绪对风险资产的影响时，须分清所属市场及区分不同的风险资产进行研究。这为本书后继部分的理论建模提供实证基础。

第 4 章，基于投资者情绪个人风险厌恶指标的资产组合模型。现有研究最终结果表明投资者情绪影响其个人风险厌恶指标。结合本书第 3 章的结论：投资者对不同的风险资产有不同的投资者情绪。本章从投资者情绪对个人风险厌恶指标影响的视角出发，构建资产组合模型，分析投资者情绪对资产组合构建的影响并给出数值解释有效边界曲线方程及本章结论的实证检验。另外，本章还通过模型及实证分析，对"资金搬家"这一重要市场现象给出有效解释。

第 5 章，基于投资者情绪认知的资产组合模型。本章为本书的核心内容。首先，考虑投资者情绪对收益认知、风险判断的影响，定义主观认知收益、主观认知风险，并确定基于投资者情绪的占优风险资产抉择过程，然后，进一步讨论基于投资者情绪认知的资产组合理论模型构建问题。其次，考虑无风险资产参与组合构建的情况，本章构建了含有无风险资产的资产组合模型。同时，本章对市场是否允许卖空进行了分类讨论，并给出了允许卖空条件下的资产组合解析解及有效边界曲线方程，同时对不允许卖空的资产组合模型进行了数值算例，给出了数值解。通过本章的讨论，可以从投资者情绪的角度对分散风险不足、本土偏好等风险异象给出有效解释。

第 6 章，基于投资者情绪离差价值的资产组合模型。现实金融市场更多地以非对称度量风险来衡量风险。本章将在本书核心模型——基于投资者情绪认知的资产组合模型基础上，更进一步讨论非对称度量风险下的投资者情绪资产组合构建问题。本章修正投资者情绪影响下的价值函数曲线，并且以下半绝对投资者情绪离差价值为度量风险标准，讨论了资产组合构建问题，同时探讨 $1/n$ 规则的理论基础。

第7章，基于二元投资者情绪的资产组合模型。本章对投资者情绪进一步深入细分，把投资者情绪划分为单一风险资产投资者情绪及整体市场投资者情绪。单一风险资产投资者情绪指投资者对单一风险资产的信念，整体市场投资者情绪指投资者对市场整体的信念。基于这一划分，本书在考虑整体市场投资者情绪直接影响投资者的持仓比例（投资比例）情况下，构建基于二元投资者情绪的资产组合模型。本章更深入地对投资者情绪进行划分，使得模型更接近于金融市场真实情况。

第8章，投资者情绪资本风险资产定价模型。本章基于本书核心模型——基于投资者情绪认知的资产组合模型，分别对是否存在无风险资产进行讨论，并进一步分析资产组合的有效边界曲线，构建出投资者情绪资本风险资产定价模型。本章更为深入地探讨投资者情绪对风险资产定价的影响，并深刻分析投资者情绪对风险资产定价的单调性，找出影响风险资产定价单调性的临界值。同时，通过本章的讨论，对过度交易现象给出有效解释。

第9章，结论。总结全书提炼出的研究结论，并归纳总结基于投资者情绪对资产组合领域的影响来对金融市场异象进行有效解释。同时，进一步提出未来可能的研究方向。

1.6 本书创新之处

本书的研究在学术领域具有前沿性，理论建模与实际应用工具相结合是本书研究的显著特色。本书的创新之处主要表现在：

（1）构建了单只股票投资者情绪复合指标及股指期货市场投资者情绪指标，并讨论了投资者情绪对风险资产收益的影响。最终结果显示，投资者对不同的市场、不同的风险资产有着不同的投资者情绪。这表明在基于投资者情绪进行金融分析过程中，需针对不同的市场、不同的风险资产抉择不同的投资者情绪指标。本书把各单项风险资产的投资者情绪作为影响资产组合的一个重要因子，为从行为金融视角进行资产组合建模提供一条新的研究步骤。

（2）通过分析主观认知收益、主观认知风险给出投资者进行风险资产抉择的投资者情绪认知占优准则，丰富了风险资产抉择理论，为实践投资分析提供新的理论依据。同时，构建出基于投资者情绪认知的资产组合模型，并进一步对模型进行求解，给出投资者投资于各风险资产的投资比例及资产组合的有效边界曲线，丰富了资产组合理论。

（3）本书基于投资者情绪有效地解释了本土偏好、分散风险不足及幼稚的风险分散等投资异象，克服以往一种行为理论模型只能解释一种"异常现象"的缺陷。

第 2 章

我国多样化的金融资产

2.1 我国金融资产概况

近年来，我国第三产业迅猛发展，特别是金融服务业的创新，使得人民生活稳定和财富积累，促进我国居民家庭收入和金融资产品种不断增加。同时，以美国为主的西方发达国家的资本不断涌入中国，在金融产品国际化竞争的态势下，刺激着我国金融市场不断壮大繁荣，我国家庭金融资产品种不断增加，总额不断累积。

在我国居民总资产中，金融资产的占比逐年提升（见图 2 - 1），由 2004 年的 34% 提升至 2014 年的 41%。伴随着金融资产规模扩张，居民对金融资产的多样化和专业化的配置需求增加，但传统金融机构对中小企业和个人客户的金融覆盖度不够，为金融科技提供了发展空间。据《中国统计年鉴》数据，1978 年我国居民金融资产总量为 380.2 亿元，到 2016 年已增至 200 万亿元，增长了 5262 倍，平均年增长率高于 22%，金融资产的迅速累积使其增长速度比居民收入和 GDP 的平均增长速度高很多。中国居民家庭收入的稳步增长促进了家庭金融资产结构配置的多元化。金融资产的品种和总量都得到了大量增加。

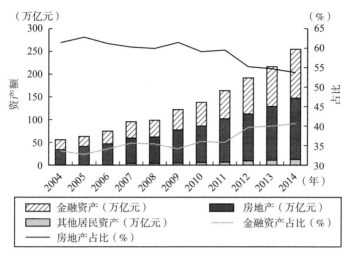

图 2 - 1 我国家庭资产占比（2004～2014 年）

资料来源：中国产业信息网，http://www.chyxx.com/。

2.2 我国金融工具现状统计分析

金融工具是指在金融市场中可交易的金融资产，是用来证明贷者与借者之间融通货币余缺的书面证明，如股票、期货、黄金、外汇、保单等。它们有很多别称，也可以称之为金融产品、金融资产、有价证券或者风险资产。

被称为金融工具，是因为它们有不同的功能，能达到不同的目的，如融资、避险等；被称为金融产品，是因为它们是在金融市场中可以买卖的产品；被称为金融资产，是因为在资产的定性和分类中，它们属于金融资产；被称为有价证券，是因为它们是可以证明产权和债权债务关系的法律凭证；被称为风险资产，是因为绝大多数的金融工具或称产品、资产和有价证券具有不同程度的风险。

截止到 2018 年 9 月 21 日，我国主要金融工具的市场规模结构情况见图 2 - 2。其中债券产品 81.31 万亿元，占比为 54.64%。股票产品 52.95 万亿元，占比 35.58%。开放式基金 12.76 万亿元，占比 8.58%。商品期货产品 1.48 万亿元，占比 1.00%。封闭式基金 1908 亿元，占比 0.13%。股指期货 1147 亿元，占比 0.08%。

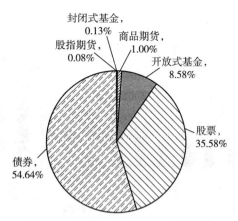

图 2 - 2　我国金融工具市场规模结构

注：截至 2018 年 9 月 21 日。
资料来源：Wind 数据库。

截止到 2018 年 9 月 21 日，我国主要金融工具的市场交易结构情况见图 2 - 3。债券产品 4611 亿元，占比为 22.10%。股票产品 2502 亿元，占比 12.00%。ETF 和 LOF 基金产品 346 亿元，占比 1.66%。商品期货产品 1.27 万亿元，占比 60.92%。股指期货产品 692 亿元，占比 3.32%。

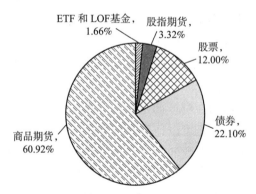

图 2 - 3　我国金融工具市场交易结构

注：截至 2018 年 9 月 21 日。
资料来源：Wind 数据库。

2.3 我国股票市场概况

2.3.1 近些年股票市场交易概况

1990 年 12 月，在改革开放春风的滋润下，在发展金融市场和加快经济发展的要求推动下，我国建立了上海、深圳证券交易所，开创了社会主义制度下建设资本市场的先河。

目前，中国股票市场 A 股已有 3600 多家上市公司，股票总市值位居全球前 3 位。在股票市场上，国有控股或参股的公司基本成为上市公司的主力，国有资产增值的效应非常明显，股票的发展给国有经济注入了新的活力。主板市场上，国有控股公司的控制力和影响力显著增强。在中小企业板和创业板市场上，由于国家鼓励民营上市公司的发展以及现代企业制度的建立，使得民营企业占比超过 80%。借助多层级的资本市场的平台，科技型、创新型等大量代表经济未来发展方向的企业脱颖而出，为推动我国产业结构调整、支持自主创新提供了重要支持。

2018 年 3~9 月 A 股市场上股票每天成交量情况见图 2-4，其中成交量的均值为 307 亿股，A 股市场上股票平均每天成交金额 3618 亿元。股市成交量为股票买卖双方达成交易的数量，是单边计算的。例如，某只股票成交量为 10 万股，这是表示以买卖双方意愿达成的，在计算时成交量是 10 万股，即：买方买进了 10 万股，同时卖方卖出 10 万股。而计算交易量则双边计算，例如买方 10 万股加卖方 10 万股，计为 20 万股。股市成交量反映成交的数量多少，一般可用成交股数和成交金额两项指标来衡量。

近年资本市场的发展进一步完善了我国现代金融体系，提升了我国经济运行的质量和效率。上市公司的总数从 2008 年初的 1600 多家，增加到 2018 年初的 3500 多家（见图 2-5），资本市场的建立和发展，推动了我国金融业向现代金融体系的转变。资本市场集聚社会资金、充实企业资本，为国家经济发展筹集了数万亿元的长期资金，增强了我国经济发展的内生动力。

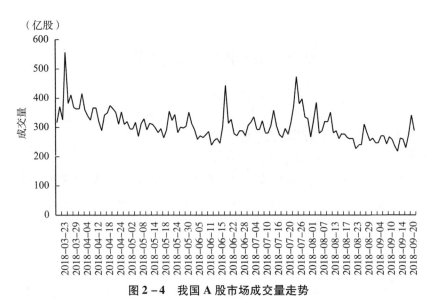

图 2-4 我国 A 股市场成交量走势

资料来源：Wind 数据库。

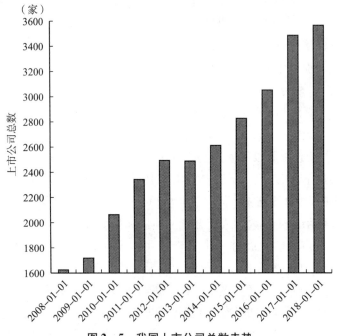

图 2-5 我国上市公司总数走势

资料来源：Wind 数据库。

　　股票按照类型来分可以分为成长型股票、价值型股票和平衡型股票。成长型股票，有时也被称为"热门股"，是一种预计其盈利会以高出市场平均值的速度增长的公司的股份。大部分科技公司发行的股票属于此类型。需要注意的是，成长型公司的股票并不总是被列为成长型股票。事实上，成长型公司的股票经常被高估。价值型股票，其发行公司具有好的盈利和发展潜力，但这些并没有反映在股票价格上，其股票价值被市场低估。一些细心的投资者会购买这些低于实际价值的股票，他们认为这类公司很快进入盈利增长快车道，例如，新的管理、新的产品或更加有效的经营手段等因素都可使一个价值型股票迅速升值。许多公司在价值型和成长型之间交替，它是商业周期的一部分。平衡型股票是介于这两种之间的股票类型。

　　股票市场上，由于大盘股与小盘股有着极为显著的走势区分度，因此如果直接在全部股票中使用成长与价值指标选股，将会因组合内混合有不同市值类型的股票，而无法准确评价成长与价值因素对组合走势的影响，组合表现的差异可能更多的是反映了市值特征的不同。将全部股票分为大盘股、中盘股和小盘股，然后在各自的样本空间内选股，构造市值特征明晰的成长－价值股票组合。

　　截止到 2018 年 9 月 21 日，我国主要成长－价值风格结构情况见图 2－6。其中股票市值大盘价值型占比 8.68%、大盘平衡型占比 10.56%、大盘成长型占比 9.56%；中盘成长型占比 9.33%、中盘平衡型占比 13.44%、中盘价值型占比 7.63%；小盘成长型占比 11.01%、小盘平衡型占比 22.07%、小盘价值型占比 7.72%。

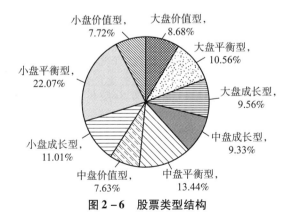

图 2－6　股票类型结构

注：截至 2018 年 9 月 21 日。
资料来源：Wind 数据库。

2.3.2 融资融券业务概况

融资融券又称"证券信用交易"，是指投资者向特定的金融信用机构提供担保物，借入资金买入证券或借入证券并卖出的行为。它是一种到期还本付息的证券信用交易机制的表现形式。包括券商对投资者的融资融券和其他金融机构对券商或投资者的融资融券。

融资融券存在于大部分国家和地区的证券市场，是成熟证券市场的基本功能。简单地说，融资就是由券商或者其他专门的金融信用机构为投资者购买证券提供资金；而融券就是做空机制，客户可以从证券公司或者其他专门的金融信用机构借来证券卖出，在未来的某一时间再到市场上买回证券归还。融资融券在世界范围主要有两种模式：一是以欧美、中国香港为代表的分散信用模式，由券商等金融机构独立向客户提供；二是日本、韩国、中国台湾的集中信用模式，成立专门的证券融资公司，向客户提供融资融券。

由于我国证券业发展较晚，相关证券业的法律法规和管理制度尚不完善，整个行业环境的监管体系也有待健全，所以在我国证券市场推出和运营的融资融券业务还不能完全与发达成熟的证券市场接轨与同步。目前我国的融资融券尚处于发展的初级阶段。表 2-1 列示了我国融资融券业务的一些重大事件。

表 2-1　　　　　　　　　我国融资融券业务大事记

时间	事件
2006-06-30	中国证监会发布《证券公司融资融券试点管理办法》（2006 年 8 月 1 日起施行）
2006-08-21	沪深交易所发布《融资融券交易试点实施细则》
2006-08-29	中国证券登记结算有限责任公司发布《中国证券登记结算有限责任公司融资融券试点登记结算业务实施细则》
2006-09-05	中国证券业协会制定公布《融资融券合同必备条款》和《融资融券交易风险揭示书必备条款》
2008-10-05	中国证监会宣布启动融资融券试点
2010-03-19	中国证监会公布首批 6 家融资融券试点券商名单
2010-03-31	正式启动融资融券业务，持续 20 多年的"单边市"成为历史，我国 A 股市场终于进入"双边市"时代
2010-06-09	中国证监会核准了申银万国证券、东方证券、招商证券、华泰证券和银河证券等 5 家证券公司融资融券业务试点的申请

续表

时间	事件
2010 - 12 - 31	总计有 25 家券商先后获得融资融券业务试点资格
2011 - 11 - 25	经中国证监会批准，《上海证券交易所融资融券交易实施细则》正式发布，并自发布之日起施行
2013 - 03 - 18	中国证监会发布《关于上市公司限售股份、解除限售存量股份参与融资融券交易相关问题的通知》
2013 - 05 - 24	中国证监会发布《关于交易所交易基金作为融资融券标的证券相关事项的通知》

　　2010 年 3 月 31 日，中国正式启动融资融券业务，经过了大约 4 年的精心准备融资融券开始正式进入市场，中国证券市场 20 年的"单边市"终于成为历史，我们的 A 股市场已经进入可以进行"T + 0"交易的"双边市"时代，这一事件在中国金融市场的发展中具有新的里程碑式的深远意义。在试点期间，融资融券业务稳定发展，规模不断地扩大。2011 年 7 月 6 日，第二批券商开始试水，截至 2010 年 12 月 31 日，总共有 3 批 25 家券商先后获得融资融券业务试点的资格。截至 2018 年 9 月 21 日，沪市融资余额 4987 亿元，沪市融券余额 67 亿元（见图 2 - 7），深市融资余额 3275 亿元，深市融券余额 11 亿元（见图 2 - 8）。现有 485 只作为融资融券标的证券的股票及 16 只作为融资融券标的证券的交易型开放式指数基金。

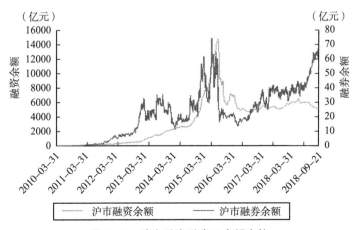

图 2 - 7　沪市融资融券日余额走势

资料来源：Wind 数据库。

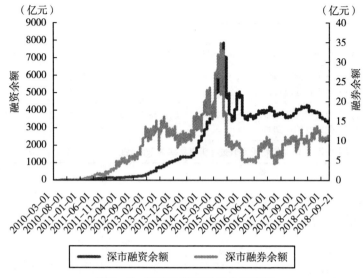

图 2 - 8　深市融资融券日余额走势

资料来源：Wind 数据库。

2.3.3　股票一级市场交易概况

2012 年股市进入新一轮的熊市之中，一级市场的 IPO 行为必然会占有巨大资金，导致二级市场持续低迷。中国证监会 2012 年对于 IPO 的两项管制最为显著，一是发行市盈率不得超过同行业上市公司市盈率，二是叫停 IPO。IPO 于 2012 年 10 月正式停止，反映在图 2 - 9、图 2 - 10 就是一段平行的线段。

到了 2013 年年初，二级市场开始抄底反弹，中国 A 股市场迎来新的高涨行情。随后，中国证监会开始肃清拟上市公司造假，彻查了几十家企业，都不同程度地查出了一些或大或小的问题，近千家企业在中国证监会严格的停审彻查下还剩 600 多家，导致市场、媒体、股民对 IPO 企业的又开始重拾信心。2014 年 1 月，再次开闸。

从 2017 年的股票一级市场融资情况看，在金融要"脱虚向实"政策背景下，IPO 融资开始提速，新股发行的审核周期从原来的 3 年缩短到 1 年 3 个月，初步解决了 IPO 排队等待时间过长的问题。2017 年 IPO 排队待审的企业不到 500 多家，与 2016 年的 800 多家待审企业相比，数量出现了明显地减少。2011 ~ 2018 年 A 股募集资金情况如图 2 - 11、图 2 - 12 所示。

（家）

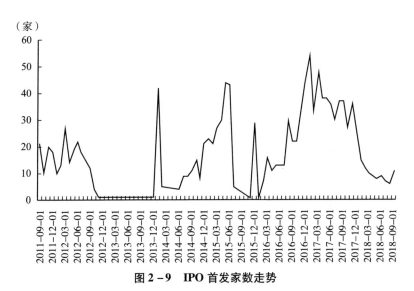

图 2-9　IPO 首发家数走势

资料来源：Wind 数据库。

（亿元）

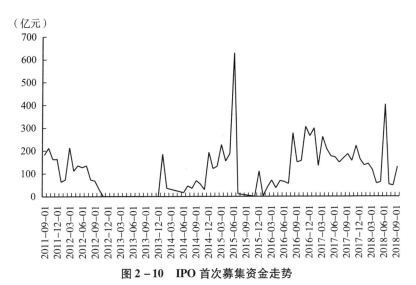

图 2-10　IPO 首次募集资金走势

资料来源：Wind 数据库。

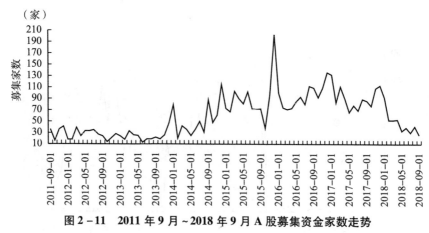

图 2-11 2011 年 9 月~2018 年 9 月 A 股募集资金家数走势

资料来源：Wind 数据库。

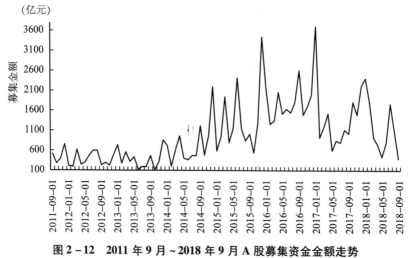

图 2-12 2011 年 9 月~2018 年 9 月 A 股募集资金金额走势

资料来源：Wind 数据库。

由于有关方面加强对以定向增发为形式的上市公司再融资形式的管理和整顿。从 2012 年到 2017 年底，很明显 2015~2017 年这三年的募集资金总额大于 2012~2014 年三年的募集资金总额。2017 年一级市场上的总体融资金额不及 2016 年的融资金额，2017 年股票市场总的融资金额为 16186.22 亿元，低于 2016 年的 21134.81 亿元，但高于 2015 年的 16107.23 亿元。

2.4 我国债券市场概述

最近几年，从境外市场到境内市场，从实体经济再到资本市场，从大类金融资产到小类债券领域，无一不在发生着变化。这些变化的相互交织，影响着债券价格复杂变化。2017 年，中国证监会关于债券监管的条例陆续出台，不是所谓证监会监管阶段性的效果落地，而是长效机制的开启。未来中国证监会关于债券也将会陆续出台各项细则，会对债券业务乃至整个金融机构的业务模式产生深远的影响。而中国证监会的全面监管措施所引起的金融机构行为变化，无疑对债券产生了深远的影响。

随着 2018 年初系列严监管政策的出台，各个部门的融资需求由表外业务流向表内业务，资金供求失衡进一步加大，非标业务将持续收缩，同时伴随着宏观审慎评估体系考核的背景，在 2018 年初各个企业的融资需求将受限，融资缺口增大，债券的发行只数在 2018 年初跌入低谷。但随着政策的宽松，债券发行只数从 2018 年 3 月开始回升，见图 2 - 13。

图 2 - 13　2016 年 3 月 ~ 2018 年 9 月债券发行只数统计

资料来源：Wind 数据库。

从债券发行只数的结构图来看（见图 2 - 14），2018 年发行只数呈现出年初少、后升高的趋势。2018 年 1 ~ 2 月债券发行只数少于 2500 只。从 2018 年 3 月之后发行只数基本上都在 3000 只以上。除了未评级的债券，大部分评级债券都是3A级别的债券，这说明，2018年初严监管政策的出台使得债券发行的要求更高了。

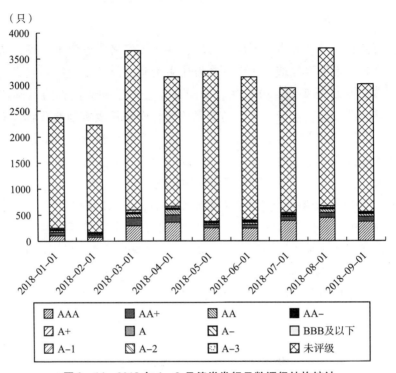

图 2 - 14 2018 年 1 ~ 9 月债券发行只数评级结构统计

资料来源：Wind 数据库。

从债券发行量的结构图来看（见图 2 - 15），2018 年发行量呈现出年初少、后升高的趋势。2018 年 1 ~ 2 月债券量在 25000 亿元左右。从 2018 年 3 月之后发行量都在 35000 亿元以上。

从债券发行金额的走势图来看（见图 2 - 16），2016 年 3 月 ~ 2018 年 9 月债券发行情况基本稳定，除了 2017 年 1 月，大部分月份的发行总额都在 22000 亿元以上。其中，2017 年 8 月和 2018 年 8 月，这两个月债券发行的总额超过了 42000 亿元。

从债券发行金额的结构图来看（见图 2 - 17），到 2018 年 9 月，贴现债券占比最高，为 50.66%；附息债券的比例第二，占比为 38.17%；利随本清债券的比例最少，占比为 11.17%。

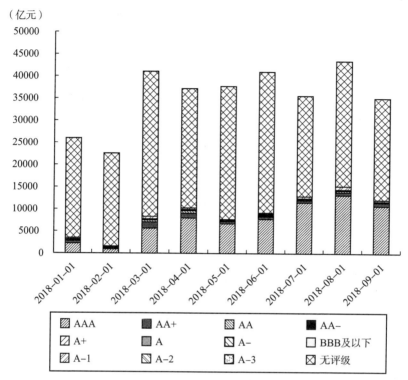

图 2 - 15 2018 年 1~9 月债券发行量评级结构统计

资料来源：Wind 数据库。

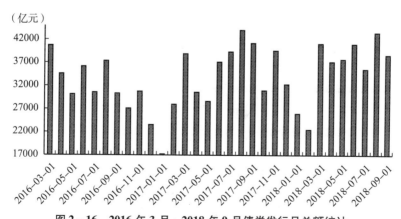

图 2 - 16 2016 年 3 月~2018 年 9 月债券发行月总额统计

资料来源：Wind 数据库。

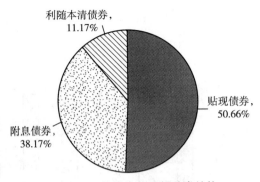

图 2 – 17　债券发行总额种类结构

注：截至 2018 年 9 月。
资料来源：Wind 数据库。

从债券发行期限的结构图来看（见图 2 – 18），到 2018 年 9 月底各个期限的比例中，1 年期内的短期债券比例最大，占比为 61.51%；4～5 年期的债券发行比例第二，占比 11.39%；2～3 年期的债券发行比例排名第三，占比为 10.72%。

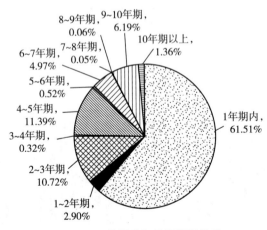

图 2 – 18　债券发行总额期限结构

注：截至 2018 年 9 月。
资料来源：Wind 数据库。

从债券的月托管量走势图来看（见图 2 – 19），2017 年 9 月到 2018 年 8

月各个期限债券的月托管量基本上是稳定增长的趋势。其中，1~3 年期的短期债券月托管量比例最大，其次 3~5 年期的债券的月托管量比例第二，每个月这两类债券的月托管量都在 110000 亿元以上。7~10 年期的债券的月托管量比例排名第三，每月托管量在 90000 亿元左右。

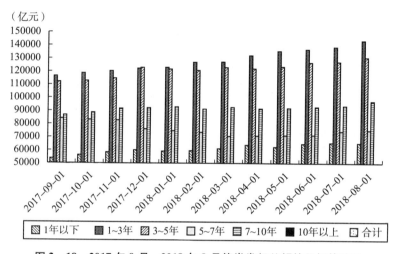

图 2-19　2017 年 9 月~2018 年 8 月债券发行总额的月托管统计

资料来源：Wind 数据库。

从债券发行的类型总额排名来看（见图 2-20），处于前四名的类型为：地方政府债、国债、政策银行债和同业存单。从地方政府债 10 年历史存量来看，2015 年之前地方政府债券发行量很小，每年地方债券存量在 5 万亿元以内，2015 年、2016 年、2017 年地方政府债券发行量暴增，到了 2017 年地方债券存量超过 15 万亿元，地方政府债的发行只数从 2015 年之前不到 1000只，到 2017 年的 4000 只左右。从国债 10 年历史存量来看，国债的发行量稳定上升，2009 年国债的发行量为 6 万亿元左右，到了 2017 年国债存量翻了一番达到 13 万亿元左右，国债的发行只数从 2009 年之前不到 200 只，到2017 年的 300 只左右。从政策银行债 10 年存量来看，政策银行债的发行量稳定上升，2009 年政策银行债的发行量为 4.5 万亿元左右，到了 2017 年政策银行券存量翻了两番达到 13 万亿元左右，政策银行债的发行只数从 2009 年之前不到 300 只，到 2017 年的 350 只左右。从同业存单 10 年历史存量来看，

2015 年之前同业存单发行量很小，2014 年同业存单在 1 万亿元以内，2015 年、2016 年、2017 年同业存单发行量暴增，到了 2017 年同业存单存量 8 万亿元左右，同业存单的发行只数从 2014 年之前不到 200 只，到 2017 年的 13000 只左右。

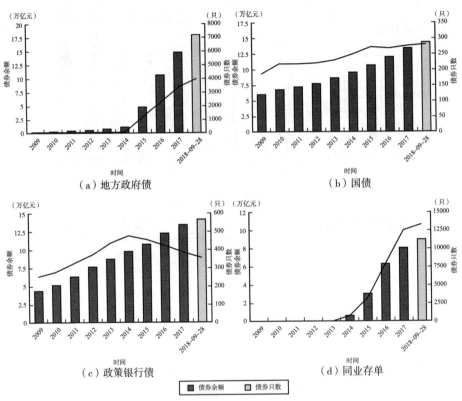

（a）地方政府债　　　　　　　　（b）国债

（c）政策银行债　　　　　　　　（d）同业存单

图 2 - 20　2009 年 ~ 2018 年 9 月排名前四的债券余额走势

资料来源：Wind 数据库。

从债券成交类型的走势图来看（见图 2 - 21），回购交易方式的比例远大于现券交易方式。2015 年 9 月回购交易量为 50 万亿元左右，到了 2018 年 8 月回购交易量翻了一番达到 100 万亿元左右。从现券 2015 年 9 月 ~ 2018 年 9 月的交易情况来看，每个月现券交易趋于稳定，变化不大，都在 10 万亿元左右。

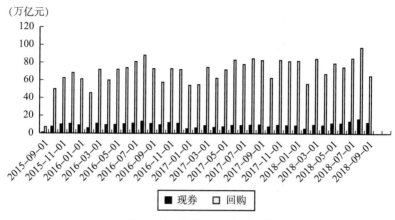

图 2 - 21　债券成交类型走势

资料来源：Wind 数据库。

从债券所有市场总成交类型的结构图来看（见图 2 - 22），到 2018 年 9 月，回购交易的成交比例最大，占比为 78.96%；现券交易的债券成交比例第二，占比 10.77%；拆借的债券发行比例排名第三，占比为 10.27%。

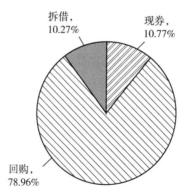

图 2 - 22　债券总成交类型的结构

资料来源：Wind 数据库。

从债券二级市场总成交的结构图来看（见图 2 - 23），到 2018 年 9 月，银行间债券市场的成交比例最大，占比为 80.02%；上海证券交易所的债券成交比例第二，占比 18.33%；深圳证券交易所的债券发行比例排名第三，占比为 1.65%。

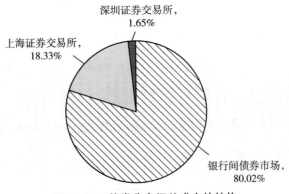

图 2 – 23 债券分市场总成交的结构

注：截至 2018 年 9 月。
资料来源：Wind 数据库。

2.5 我国基金市场概述

2.5.1 基金市场概况

证券投资基金作为社会化的理财工具，起源于 19 世纪英国的投资信托公司。产业革命极大地推动了英国生产力的发展，国民收入大幅增加，社会财富迅速增长。由于国内资金充裕，那些需要大量产业资本的国家在英国发行各种有价证券。另外，为谋求资本的最大增值，人们希望能够投资海外，却苦于资金量小，缺乏国际投资经验，因此萌发了集合众多投资者的资金，委托专人经营和管理的想法。证券投资基金由此萌芽。

20 世纪以后，世界基金业的发展大舞台转到美国。1924 年 3 月 31 日，马萨诸塞投资信托基金在美国波士顿成立，成为世界上第一只公司型开放式基金。20 世纪 40 年代以后，众多发达国家的政府认识到证券投资基金的重要性，纷纷通过立法加强监管，完善对投资者的保护措施，为基金业的发展提供了良好的外部环境。

截止到 2007 年末，美国的共同基金资产规模达到 12 万亿美元，基金占所有家庭资产的 40% 左右。20 世纪 80 年代以后，证券投资基金在世界范围内得到普及发展，基金业的快速发展成为一种国际性现象。根据美国证券业的统计，截止到 2008 年末，全球共同基金资产规模达到 18.97 万亿美元。

2016 年底，美国投资公司管理了 19.2 万亿美元的资产，较 2015 年增加约 1.1 万亿美元。基金资产中包括 56% 的股票基金，22% 的债券基金，货币基金、混合基金以及其他基金构成余下的 22%。美国共同基金和 ETF 市场继续以 18.9 万亿美元的规模位居全球首位，占全球的 47%。

2016 年美国共同基金共录得 2290 亿美元的资金净流出，其中长期共同基金净赎回 1990 亿美元，货币基金净赎回 300 亿美元。其他类型的投资公司则出现资金净流入 ETF 需求旺盛，净增规模为 2840 亿美元；单位投资信托净增 490 亿美元；封闭式基金净增 9.22 亿美元。

2.5.2 中国基金市场发展概况

我国的证券投资基金业发展可以分为四个历史阶段：20 世纪 80 年代至 1997 年 11 月 14 日《证券投资基金管理暂行条例》颁布之前的早期探索阶段，暂行条例颁布实施以后至 2004 年 6 月 1 日《证券投资基金法》实施前的试点发展阶段、《证券投资基金法》实施后的快速发展阶段和金融危机之后的产品多样化发展阶段。

1. 早期探索阶段（20 世纪 80 年代至 1997 年）

始于 20 世纪 70 年代末的中国经济体制改革，在推动中国经济快速发展的同时，也引发了社会对资金的巨大需求。在这种背景下，基金作为一种筹资手段开始受到一些中国驻外金融机构的注意。1987 年中国新科技创业投资公司与汇丰集团、渣打银行在香港联合设立了中国置业基金，首期筹资 3900 万元人民币，直接投资于珠江三角洲为中心的乡镇企业，并随即在香港联交所上市。这标志着中资金融机构开始正式涉足投资基金业务。在境外中国概念基金与中国证券市场初步发展的影响下，中国境内第一家较为规范的投资基金——淄博乡镇企业投资基金于 1992 年 11 月经中国人民银行总行批准正式设立。淄博基金的设立拉开了投资基金在内地发展的序幕，并在 1993 年上半年引发了短暂的中国投资基金发展热潮。1994 年后，我国进入经济金融治理整顿阶段，基金发展过程中的不规范问题和累积的其他问题也逐步暴露，多数基金资产经营状况恶化，中国基金业发展因此陷于停顿状态。截止到1997 年底，基金的数量为 75 只，规模在 58 亿元人民币左右。

2. 试点发展阶段（1997～2004 年）

在对"老基金"发展过程加以反思之后，经过国务院批准，当时的国务院证券委员会于 1997 年 11 月 14 日颁布了《证券投资基金管理暂行办法》。这是我国首次颁布的规范证券投资基金运作的行政法规，为我国基金业的发展奠定了规制基础。由此，我国基金业的发展进入了规范化的试点发展阶段。

1998 年 3 月 27 日，经过中国证监会的批准，南方基金管理公司和国泰基金管理公司分别发起设立了两只规模均为 20 亿元的封闭式基金——基金开元和基金金泰，由此拉开了中国证券投资基金试点的序幕。

在封闭式基金试点成功的基础上，2001 年 9 月，我国第一只开放式基金——华安创新诞生，使我国基金业的发展实现了从封闭式基金到开放式基金的历史性跨越。此后开放式基金组建取代封闭式基金成为中国基金市场的发展方向。

3. 快速发展阶段（2004～2010 年）

2004 年 6 月 1 日开始实施的《证券投资基金法》，为我国基金业的发展奠定了重要的法律基础，标志着我国基金业发展进入了一个新的发展阶段。2004 年 10 月推出第一只上市开放式基金（LOF）——南方积极配置基金，2004 年底推出国内首只交易型开放式指数基金——华夏上证 50（EFT），2006 年、2007 年、2008 年分别推出结构化基金、QDII 基金、社会责任基金，层出不穷的基金产品创新极大地推动了我国基金业的发展。

2007 年我国基金业的资产规模达到前所未有的 3.28 万亿元人民币，2008 年受金融危机的影响，规模下降到了 1.94 亿元，2009 年末基金资产的规模得到了恢复，达到了 2.68 万亿元。

4. 产品多样化发展阶段（2011 年至今）

2008 年金融危机之后，我国公募基金股票投资市值占比呈回落态势。中国基金业协会的数据显示，到 2011 年 6 月 30 日，公募基金整体的股票投资市值占到 A 股自由流通市值比由 2007 年、2008 年、2009 年的 31%、24%、

23%回落到19%，接近2005年的18%；全部基金总规模占到总市值的比例为8%，占到流通A股市值比例为13%。其下降的直接原因是股票市场扩容速度大于基金规模增速，间接原因是投资者可选的理财产品多样丰富。这种现象也印证了市场参与主体的格局已经发生了实质的改变。

股票全流通以及股指期货推出后，市场格局由机构与散户博弈已经在向机构与机构博弈过度，而且这种趋势正伴随着券商丰富而广泛的研究咨询服务以及阳光私募基金群体的崛起而加快，且2011年初中国证监会下发了《关于调整证券机构行政许可的工作方案》征求意见，拟将券商集合资产管理计划由核准制改为备案制，如果正式施行，券商集合理财行业或将出现一轮快速增长。随着监管政策的放开，机构对基金牌照的热情更是高涨，截至2016年底，已有121家基金管理人。而截至2017年2月5日，在审批设立的基金公司数量也达到43家。

根据2017年中国基金业协会的数据显示，2016年资管业务总规模约为51.79万亿元，同比增长31.4%。从公募基金管理人数量看，已成立的基金管理人达到121家，基金管理公司108家，其中中外合资公司44家、内资公司64家；取得公募基金管理资格的证券公司或证券公司资管子公司共12家，保险资管公司1家。

根据银河证券基金研究中心统计，截至2017年12月29日，公募基金管理人数量122家，公募基金托管人数量39家。天相投顾数据则显示，截至2017年末，121家具有公募资格的公募及资管公司合计规模为11.59万亿元，其中，货币基金规模为6.75万亿元，占比为58.26%。从基金资产配置图来看（见图2-24），目前债券基金的比例最大，同时增长率也最快，接近每年15%的增长。

合格境内机构投资者（QDII），是指在人民币资本项下不可兑换、资本市场未开放条件下，在一国境内设立，经该国有关部门批准，有控制地，允许境内机构投资境外资本市场的股票、债券等有价证券投资业务的一项制度安排。QDII额度的"开闸"扩容，令基金公司海外投资部迎来新的机遇，此前没有额度的基金公司的国际业务将正式起航。截至2018年4月，QDII获批额度为983.33亿美元（上月末为899.93亿美元），共计增加83.4亿美元，而QDII也从此前的132家增至144家。从QDII基金分布图来看（见图2-25），目前信息技术领域和金融领域投资市值最大。

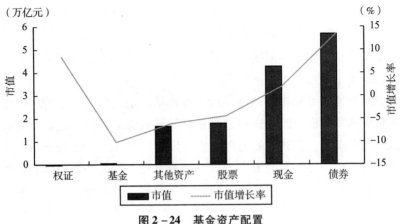

图 2-24　基金资产配置

注：截至 2017 年。
资料来源：Wind 数据库。

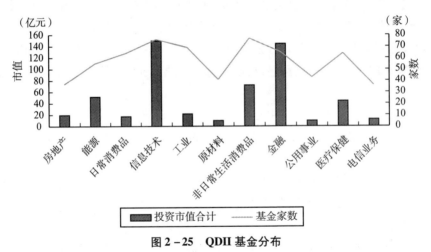

图 2-25　QDII 基金分布

注：截至 2018 年 4 月。
资料来源：Wind 数据库。

2.6　我国外汇市场概述

外汇市场是一国金融市场的重要部分，也是一个国家投资者进行博弈的战场。外汇市场为国际经济往来提供支付和清算，为外汇头寸提供套期保值，同时投资者也可在市场上进行套利、投机等交易。改革开放以来，随着中国渐渐融入国际经济体系中，对外贸易不断扩大，在国际汇率市场的定价上中国也有了发言权，目前正处于人民币国际化背景下的新阶段。本节内容主要讨论我国外汇市场的现状、发展以及人民币汇率产品。

2.6.1 中国外汇市场的发展阶段

外汇市场是一个以投资者交易、兑换、投机、套利、套期保值等外汇业务的场所或网络，也是央行进行汇率调控、执行汇率政策的主要场所。随着国际贸易和国际投资的飞速发展，我国的外汇市场不断扩大，外汇业务不断完善。

目前，我国外汇市场上的交易主体包括人民银行、以商业银行和投资银行为代表的金融机构、各种使用外汇的企业和个人，其对应的交易目的分别是人民银行外汇干预、商业银行外汇结算、各类企业结售汇、个人用汇及外汇投资，目前我国外汇市场是一个以银行间市场为中心的市场体系。而在此之前，中国的外汇市场经历了大致四个阶段。

1. 中国外汇市场的萌芽与起步阶段（1980～1994 年）

1978 年，中共十一届三中全会胜利闭幕，会上最重要的一条决策是积极推进对外开放、实行以市场经济为主导，以经济计划为辅助的经济改革。而这一改革进入探索实施阶段，客观上为外汇市场的萌芽创造了条件。我国货币当局在 1980 年起开始允许在银行间实行外汇额度调剂，允许商业银行之间以一定价格抛补头寸，并对调剂价格设定一定的波动限制。1985 年底，深圳设立了外汇调剂中心，这在一定程度上引入了市场机制，实现市场化的外汇调剂，同年在深圳设立首个外汇交易所。1988 年，上海创办首家外汇调剂公开市场，这些外汇调剂市场并称为外汇调剂中心。中国外汇市场的兴起，是我国经济开放和资源配置市场化的客观要求。这一阶段的发展使得市场机制在外汇调配和汇率定价上发挥了一定作用，但是也存在许多不足点，例如，这种体系形成是松散的、没有统一的制度条约的限制、操作不规范等等。

2. 中国外汇市场的初步形成阶段（1994～2005 年）

从 1994 年开始，我国货币当局宣布开始实行以市场供求为基础、单一的、有管理的浮动汇率制度，20 世纪 80 年代实行的外汇留成制度被取消，开始实行新的制度——结售汇制度。结汇是指外汇收入者将其外汇收入出售给外汇指定银行，后者按市场汇率付给本币的行为。结汇分为强制结汇、意愿结汇和限额结汇等形式。强制结汇是指所有外汇收入必须卖给外汇指定银行，不允许保留外汇；意愿结汇是指外汇收入可以卖给外汇指定银行，也可以开立外汇账户保留，结汇与否由外汇收入所有者自己决定；限额结汇是指外汇收入在国家核定的限额内可不结汇，超过限额的必须卖给外汇指定银行。定价方面，商业银行之间是以中国人民银行每日公布的人民币对美元及其他主要货币的汇率为依据，在中国人民银行规定的浮动幅度之内自行挂牌公布汇率。这一阶段开始形成以市场供求为基础的汇率形成机制。这一阶段的优点是规范了银行之间结售汇头寸的调剂，外汇市场因此成为单一的集中竞价交易市场，其深度和广度均得以拓展。但是也存在其仍受到较多管制，市场化程度不强等缺点。

3. 人民币汇改——市场化的形成（2005 ~2014 年）

自中国加入 WTO 之后，外汇市场的活跃程度大大地提升，人民币在国际市场的参与度逐渐提升。2005 年 7 月人民币汇率制度改革，根据《关于完善人民币汇率形成机制改革的公告》，我国开始实行以市场供求为基础、参考一篮子货币进行调节、有管理的浮动汇率制度。汇率亦称"外汇行市或汇价"。一国货币兑换另一国货币的比率，是以一种货币表示另一种货币的价格。由于世界各国货币的名称不同、币值不一，所以一国货币对其他国家的货币要规定一个兑换率，即汇率。汇率是国际贸易中最重要的调节杠杆，因为一个国家生产的商品都是按本国货币来计算成本的，要拿到国际市场上竞争，其商品成本一定会与汇率相关。汇率的高低也就直接影响该商品在国际市场上的成本和价格，直接影响商品的国际竞争力。而外汇市场化主要体现在一定程度上放宽了外汇制度，企业和个人购买外汇的额度扩大了。

4. 人民币国际化下的外汇市场（2014 年至今）

人民币国际化是指人民币能够跨越国界，在境外流通，成为国际上普遍认可的计价、结算及储备货币的过程。尽管目前人民币境外的流通并不等于人民币已经国际化了，但人民币境外流通的扩大最终必然导致人民币的国际化，使其成为世界货币。2014 年 3 月 22 日，中国人民银行、国家外汇管理局宣布，今后人民币汇率将主要由市场供求决定，汇率双向浮动将成为常态。随着中国综合国力的增强，中国与世界各国的贸易交易增加，人民币的需求也随之增加，人民币成为国际结算货币虽然还有待时日，但是这种趋势是必然的。从 2014 年开始，人民币全球清算网络频频布局：6 月 18 日，建行担任伦敦人民币业务清算行；6 月 19 日中行担任法兰克福人民币清算行；7 月 4 日交通银行首尔分行担任韩国首尔的人民币业务清算行。近年来国际贸易顺差额在不断加大，从图 2 – 26 可以看出，贸易顺差与人民币汇率指数走势有相似之处，从 2013 ~ 2018 年这段区间来看，贸易顺差额和人民币汇率在 2014 年上半年同时出现低谷，在 2015 年下半年同时出现高峰。

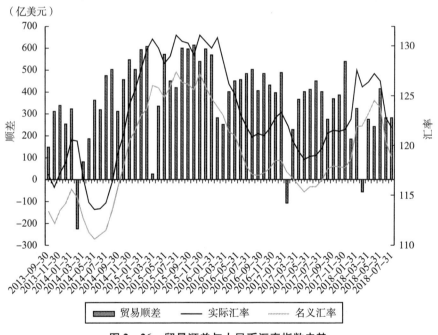

图 2 – 26 贸易顺差与人民币汇率指数走势

资料来源：Wind 数据库。

2.6.2 中国外汇市场的现状

自 2012 年起，每年的外汇即期交易量都增加，且 2015 年相较于 2014 年是翻倍的增长。这种趋势源于中国政府对于外汇市场的限制放宽，促成了更多的外贸交易，尤其是上海建立自贸区以来，人们接触到更多的国外进口商品。随着国民经济的发展对进口商品的需求增加，对于外汇交易是一个突破瓶颈的措施。

1. 交易品种多样化

我国在外汇市场刚建立时，只有即期交易和远期交易两个产品。但是经过发展，我国的外汇交易品种包括人民币外汇即期、人民币外汇远期、人民币外汇掉期、人民币外汇货币掉期、人民币外汇期权、外币拆借、外币对等。丰富的交易品种增大了消费群体，也满足了各方想要投资多样化而进行资产组合的需求，很大程度上是满足了市场的需求。图 2 – 27 ~ 图 2 – 31 显示了人民币对美元即期、人民币对美元远期合约、人民币对美元即期加权价格、人民币对欧元即期加权价格以及日元对人民币即期加权价格。

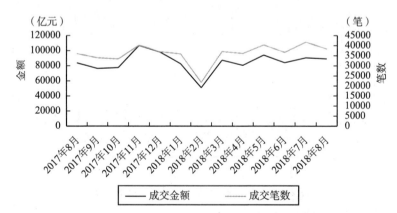

图 2 – 27　2017 年 8 月 ~ 2018 年 8 月人民币对美元即期成交走势

资料来源：Wind 数据库。

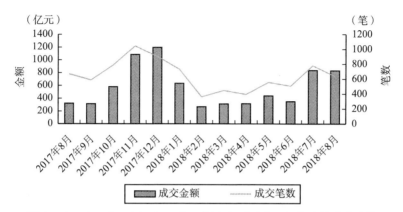

图 2 - 28　2017 年 8 月 ~ 2018 年 8 月人民币对美元远期合约成交走势

资料来源：Wind 数据库。

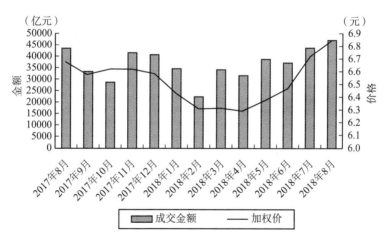

图 2 - 29　2017 年 8 月 ~ 2018 年 8 月人民币对美元即期加权价格走势

资料来源：Wind 数据库。

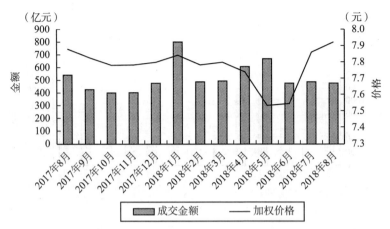

图 2-30 2017 年 8 月~2018 年 8 月人民币对欧元即期加权价格走势

资料来源：Wind 数据库。

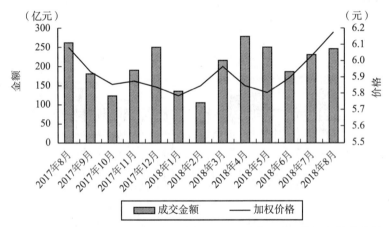

图 2-31 2017 年 8 月~2018 年 8 月 100 日元对人民币即期加权价格走势

资料来源：Wind 数据库。

2. 离岸人民币交易（CNH）市场取代无本金交割远期外汇交易（NDF）市场

在初期，人民币作为非自由交易的货币，资金不能跨境自由流通和清算。无本金交割远期外汇交易（NDF）市场逐步形成，成为人民币外汇交易的宠儿。然而 2009 年 7 月，国务院批准开展跨境贸易人民币结算试点，人民币国际化征程正式启动。到 2011 年 8 月时，跨境贸易人民币结算范围已经由试点扩展到内地所有省份，人民币成为半自由交易货币，境外有人民币需求的个体可以直接通过跨境贸易结算支付、外商直接投资（FDI）、通过香港人民币清算行进行人民币兑换平盘等渠道进入内地市场。这种可以直接接触内地人民币的政策直接消磨了 NDF 的优势。而之后香港银行为金融机构开设人民币账户和提供各类服务不再面临限制，个人和企业可通过银行自有进行人民币资金的支付和转账，离岸人民币交易（CNH）市场随之产生。

中国人民银行支持在香港地区建立人民币离岸市场。人民银行也在研究，能不能在上海建立人民币离岸市场。在人民币没有完全可兑换之前，流出境外的人民币有一个交易的市场，才能够促进、保证人民币贸易结算的发展。新加坡国务资政吴作栋在 2011 年 4 月访华后，新加坡也正式加入了人民币离岸市场的竞争当中。这种市场的更替也是市场化的体现，为人民币成为国际结算货币铺路。人民币走势问题自从汇改后就成为市场最为关注的重点之一，由于对于贬值背后的逻辑不清晰，使得市场依然用旧的汇率印象在定义人民币贬值。当前人民币汇率仍然存在贬值压力，央行的态度是判断方向的关键。最近央行的行为有两个重大变化：第一，明确表示退出常态式外汇干预；第二，通过提高远期售汇风险准备金，释放汇率稳定的信号。

这表明央行一直在致力于向浮动汇率转轨，但是又担忧市场向贬值方向超调的速度过快。中美贸易战在中间扮演了一个重要角色，市场一度认为央行会选择刻意贬值来对抗关税上调。其实汇率已经形成了新体系新机制中间价的形成机制，分析框架甚至话语体系都早已与过去有质的区别。

2.7　我国期货市场概述

我国期货市场兴起于 20 世纪 80 年代末，经历了初期发展阶段、清理整顿阶段、逐步规范阶段和大力发展金融期货阶段。

1. 初期发展阶段（1988～1994 年）

1988 年，第七届全国人大第一次会议的《政府工作报告》指出"积极发展各类批发贸易市场，探索期货交易"。同时成立工作组着手研究。1990 年，中国郑州粮食批发市场开业，该批发市场以现货远期合同交易为起点，逐渐引入期货交易，标志着中国期货市场诞生和起步。1992 年，中国第一家期货经纪公司——广东万通期货经纪公司成立，年底中国国际期货经纪公司成立，为我国期货市场的快速起步及发展发挥了积极作用。1993 年，我国期货交易所、期货经纪公司大批出现。期货交易所达 40 多家，期货经纪公司有近 500 家，上市交易品种达 50 多种。1994 年，期货经纪公司的境外期货、地下期货盲目泛滥，出现了大量期货经纪纠纷。

2. 清理整顿阶段（1994～1998 年）

1994 年 5 月，国务院办公厅发布《国务院办公厅转发国务院证券委员会关于坚决制止期货市场盲目发展若干意见请示的通知》，对期货业进行第一次大的清理，整顿后的期货交易所为 15 家。

3. 逐步规范阶段（1998～2006 年）

1998 年，国务院发布《关于进一步整顿和规范期货市场的通知》，对期货市场进行进一步规范，交易所由原来的 15 家变为 3 家，交易品种由 35 个减为 12 个。2000 年 12 月，中国期货业协会正式成立。2004 年 3 月，《国务院关于推进资本市场改革开放和稳定发展的若干意见》明确规定，期货公司从服务行业重新认定为金融机构。由于出台了行业规范标准，近几年期货公司得到了稳定的发展，数量变得越来越多，质量变得越来越高。如图 2－32 所示，2011～2018 年我国期货公司的营业部由 2011 年的 1000 家左右，增长到 2018 年的近 2000 家。2012～2017 年平均增长率接近 11%。

如图 2－33 所示，截止到 2018 年 9 月，我国期货公司的数量达到了 150 家。其中，注册资本在 0.5 亿元以下的有 6 家，0.5 亿～3 亿元的有 77 家，3 亿～5 亿元的有 23 家，5 亿～10 亿元的有 32 家，10 亿元以上的有 12 家。

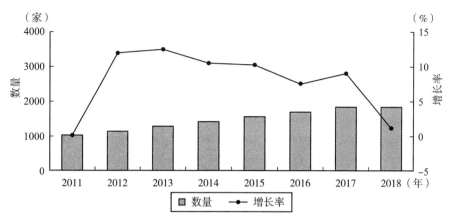

图 2 - 32 2011 ~ 2018 年我国期货公司的营业部数量变化

注：2018 年数据截至 6 月份。
资料来源：Wind 数据库。

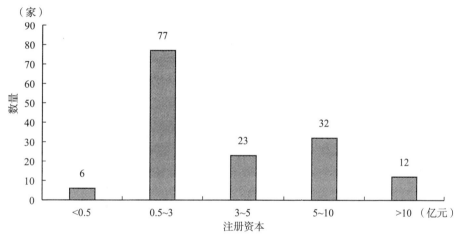

图 2 - 33 2018 年我国期货公司的注册资本情况

注：截至 2018 年 9 月。
资料来源：Wind 数据库。

4. 大力发展金融期货阶段（2006 年至今）

中国金融期货交易所（简称中金所）于 2006 年 9 月 8 日在上海挂牌，成为继上海期货交易所、大连商品交易所和郑州商品交易所之后的中国内地的第四家期货交易所，也是中国内地成立的首家金融衍生品交易所。该交易所为股份有限公司实行公司制，这也是中国内地首家采用公司制为组织形式的交易所。中金所注册资本金为 5 亿元人民币。2010 年 4 月,沪深 300 股指期货合约上市,成为中国首个金融期货合约。2013 年 9 月,5 年期国债期货合约上市。2015 年,中金所正式推出了 10 年期国债期货和上证 50、中证 500 股指期货。如图 2 - 34 所示,2018 年 3 ~ 9 月,我国沪深 300 股指期货合约的日成交额基本在 600 亿元以上。

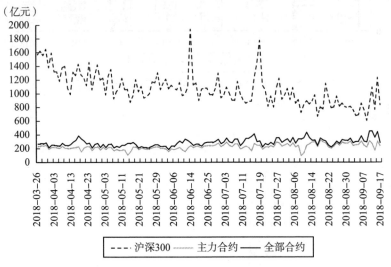

图 2 - 34　2018 年沪深 300 股指期货成交额统计

资料来源:Wind 数据库。

2.8　本 章 小 结

随着居民收入水平的不断提高和金融工具的逐步多样化,金融资产配置也逐渐发生变化。合理的金融资产配置能够增加投资者财产性收入,因此金融资产配置的研究得到国内学者的广泛关注。分析金融资产配置的影响因素有利于认识我国家庭金融资产选择特点,优化金融资产配置、提高收入;有利于金融机构设计出完整的有风险梯度的金融产品以满足投资需求,为国家制定合理的政策提供一定的依据。

接下来的章节,将从投资者情绪对资产选择影响的角度,设计符合我国现实情况的资产组合定价理论和实证模型。由于资产组合定价问题的研究本身意义重大，故本书的研究也就具有了较为重要的理论和现实意义。理论上，投资者情绪与资产选择问题的研究，已成为资产定价研究的重点领域之一，其研究成果对于金融产品开发、金融机构管理、宏观经济金融政策等方面的研究都有着重要的理论价值。而我国在此领域的研究却十分缺乏，这种情况使得我国金融研究与国际主流金融研究的距离在现实中不断拉大。我国多样化的金融市场的一些现象无法用传统资产组合定价理论进行解释，而通过引入基于投资者情绪的行为资产组合定价理论，将投资者情绪与资产选择问题结合起来，却可能为合理解释这些现象和预测金融资产价格变动找到一条可行的途径。另外对该领域的研究，可以为金融机构管理水平的提高、金融产品的开发提供帮助。同时此方面的研究，也可以为我国金融体制改革、经济金融政策的制定提供合理的、有意义的政策建议。

第 3 章

单只股票投资者情绪及股指期货市场
投资者情绪的度量

首先，本章基于 B-W（Baker & Wurgler，2006）方法构建了股票市场单只股票投资者情绪指标，并就单只股票投资者情绪对单只股票收益的系统性影响进行研究。其次，通过分析股指期货高频数据的每笔交易性质构建股指期货市场投资者情绪指标——多空不均衡指标，同时讨论了股指期货市场投资者情绪对股指期货各合约的冲击影响。在此基础上与 B-W 方法构建的股票市场复合投资者情绪指标比较，本章研究说明投资者对同一市场的不同风险资产或不同的市场有着不同的投资者情绪。这表明在分析投资者情绪对风险资产的影响时，应当具体区分所讨论的金融市场及投资者对每一风险资产的投资者情绪，如此方能更准确、深入刻画对投资者情绪的影响。本章的结论将为本书后继章节以投资者对不同风险资产有着不同投资者情绪为切入点，为构建资产组合模型打下实证基础。

3.1 单只股票投资者情绪的度量

现今对投资者情绪的研究主要针对的是市场投资者情绪，表现投资者对市场整体的信念（如：Fisher & Statman，2003；Brown & Cliff，2005；Verma & Verma，2007；Antoniou et al.，2009；易志高和茅宁，2009），对市场投资者情绪指标的综述性研究可具体参阅闫伟和杨春鹏（2011）的研究。然而，股票市场上单只股票价格的走势与市场指标走势并不完全相同，甚至单只股票"逆市上涨"的例子也比比皆是。这表现了投资者对单只股票的信念与对市场整体信念的不一致，即表现了投资者单只股票投资者情绪与市场投资者情绪的差异。有学者研究表明单只股票投资者情绪对股票收益有着系统性影响，所以具体度量投资者单只股票投资者情绪成为关键问题（如：Kumar & Lee，2006）。

当前单只股票投资者情绪的度量尚且停留在单一度量指标的研究：基于个人账户的交易量数据作为单只股票投资者情绪代理指标（Kaniel et al.，2004）；用买卖不均衡 BSI 指标表征单只股票的投资者情绪（如：Kumar & Lee，2006）；构建基于资金流量的投资者情绪指标（如：Frazzini et al.，2008；池丽旭和庄新田，2011）。这些单一指标只能从某个侧面表现投资者心理和情绪的变化，因而导致不同的度量指标可能仅表现了不同的投资者情绪或某一方面。所以，除非认定投资者情绪是这些指标变化的唯一或最关键原因，投资者情绪才能单独作为投资者情绪指标的度量指标（刘力等，2007）。

最近，廖彩伶等（Liao et al.，2011）等采用 B-W 方法，构建了一个复合的单只股票投资者情绪指标。但是，廖彩伶等（Liao et al.，2011）在构建复合指标时所选取的 10 个源变量，只有 2 个源变量是单只股票投资者情绪的代理变量。因此，本节对廖彩伶等（Liao et al.，2011）所构建的复合指标是否能表征单只股票投资者情绪持有不同的态度。本节重新抉择能表示单只股票投资者情绪的 3 个源变量以构建单只股票投资者情绪复合指标（以下简称 CIISS），并进一步研究了 CIISS 的特征，这在以往的研究中鲜有讨论。而投资者情绪特征是以投资者情绪为基础对金融市场进行研究的重要前提，应该给予大量关注。

3.1.1　单只股票投资者情绪复合指标 CIISS 的构建

投资者情绪复合指标较单一投资者情绪变量能更全面的表现投资者情绪，本书借鉴市场投资者情绪复合指标的构建方法，选取股票市场能表现单只股票投资者情绪的源变量：单只股票收盘价、单只股票买卖不均衡 BSI 指标、单只股票换手率指标构建单只股票投资者情绪复合指标。

1. 单只股票投资者情绪源变量

（1）单只股票买卖不均衡 BSI 指标。

单只股票买卖不均衡 BSI 指标定义为

$$BSI_{i,t} = \frac{VB_{i,t} - VS_{i,t}}{VB_{i,t} + VS_{i,t}}$$

其中，$VB_{i,t}$ 为股票 i 在 t 时期的主动买量，$VS_{i,t}$ 为股票 i 在 t 时期的主动卖量。BSI 是投资者情绪的一个很好的代理变量。$BSI_{i,t} > 0$，即投资者主动买量大于投资者主动卖量，表明投资者情绪的高涨。而 $BSI_{i,t} < 0$，则表明投资者情绪的低落。

（2）单只股票换手率指标。

市场流动性指标，如竞价差、成交量、换手率指标等指标包含了投资者情绪的信息，也是常用的投资者情绪代理变量。考虑到中国存在股票解禁的问题及数据的可得性，本书拟选取单只股票换手率指标作为单只股票投资者情绪的源变量之一。然而，直接使用换手率指标并不能很好的体现投资者情绪的涨跌。如当放量下跌或放量上涨时，换手率指标都很高，但是前者明显是投资者情绪衰落而后者是投资者情绪高昂的表现，所以本书类似梁丽珍（2010）对单只股票换手率指标数据研究进行调整。如果当天单只股票收盘价比前一交易日收盘价高，则换手率指标为正；如果当天单只股票收盘价比前一交易日收盘价低，则换手率指标为负。调整后，股票 i 在 t 时期的换手率指标记为 $Turnover_{i,t}$。

（3）单只股票交易金额增长率。

股票市场上，量价关系是很重要的一个研究内容。在我们之前使用的单只股票换手率指标变量反映了投资者情绪与成交量特征，但忽略了投资者情绪与价格间的特征关系。这里，我们进一步使用单只股票交易金额来体现这一特征。由于单只股票买卖不均衡 BSI、单只股票换手率指标，都是比率变量，所以这里我们对单只股票交易金额也计算其比率变量——单只股票交易金额增长率（$GRTM$），作为最终抉择的投资者情绪代理变量。

本书的 $BSI_{i,t}$ 数据根据巨灵数据库的分笔成交明细的高频数据计算得到，单只股票交易金额、单只股票换手率指标、单只股票流通市值等数据均来自国泰安数据库，样本期为 2006 年 1 月 1 日～2009 年 12 月 31 日。本书股票样本选取为在样本期前就在中国上海证券交易所上市的 A 股股票，并且剔除了样本期 4 年内交易时间少于 880 天的股票，最终筛选出 593 只符合要求的股票。表 3－1 报告了单只股票投资者情绪源变量的描述性统计。交易金额增长率的标准差（0.8271）远大于其均值（0.1366），表明单只股票交易金额的变动比较剧烈，表现了投资者情绪变动的剧烈性。单只股票 BSI 指标的均值、中位数都是负数，总体而言，委卖量略大于委买量，股票市场有走弱的趋势。

表 3 – 1　　　　　　　　单只股票投资者情绪源变量描述性统计

变量名	最小值	中位数	均值	最大值	标准差
交易金额增长率	– 0.9749	– 0.0310	0.1366	241.9130	0.8271
BSI 指标	– 0.9999	– 0.0010	– 0.0063	0.9994	0.1482
调整换手率指标	– 0.4829	0.0074	0.0080	0.4873	0.0454

2. 主成分分析构建单只股票投资者情绪

首先，对表征单只股票投资者情绪的三个源变量：单只股票交易金额增长率（$GRTM_{i,t}$）、单只股票 BSI 指标（$BSI_{i,t}$）、单只股票调整换手率指标（$Turnover_{i,t}$）进行标准化处理以消除各变量单位差异的影响。然后分别对每只股票的上述三个变量进行主成分分析，按照 B-W 方法的观点，第一主成分就是投资者情绪。所以，

$$CIISS_{i,t} = a_1 \times GRTM_{i,t} + a_2 \times BSI_{i,t} + a_3 \times Turnover_{i,t}$$

以股票 600004 白云机场为例，对上述三个源变量进行主成分分析，得到投资者对股票 600004 的单只股票投资者情绪为：

$$CIISS_t = 0.7074 \times GRTM_t + 0.2527 \times BSI_t + 0.6601 \times Turnover_t$$

上式中，BSI 指标的统计系数（0.2527）小于其他两个变量的统计系数，表明 BSI 指标相对交易金额增长率、换手率指标而言，含有的投资者情绪信息较小。这一现象并非个别特例，表 3 – 2 是对所有 593 只股票单只股票投资者情绪各源变量统计系数的统计。平均来看 a_1 和 a_3 的均值、中位数都远大于 a_2 的均值、中位数，表明在单只股票投资者情绪的三个源变量中，单只股票交易金额、换手率指标对单只股票收益的贡献较大，而单只股票买卖不均衡 BSI 指标的贡献相对较小。且在表 3 – 2 中 a_2 的标准差（0.2549）与其均值（0.1058）相差不大，这表明调整换手率指标对投资者情绪的贡献不稳定。

表 3 - 2   主成分分析单只股票投资者情绪（CIISS）各统计系数描述统计

项目	最小值	均值	中位数	最大值	标准差
a_1	0.4465	0.6782	0.6908	0.7541	0.0389
a_2	-0.6128	0.1058	0.1451	0.6558	0.2546
a_3	-0.5186	0.6772	0.6892	0.7741	0.0639
方差解释率	0.3617	0.4531	0.4555	0.5204	0.0243

3.1.2 单只股票投资者情绪的特征

1. 单只股票投资者情绪的正态分布检验

首先，检验单只股票投资者情绪序列的平稳性。采用 ADF 单位根检验对单只股票投资者情绪时间序列进行平稳性检验。最终结果表明 593 只股票的投资者情绪，在 99% 置信水平下，不能拒绝原假设，通过平稳性检验。可见单只股票投资者情绪的时间序列是平稳的时间序列。

其次，直观画出单只股票投资者情绪直方图，并与正态分布的拟合曲线对比，考察单只股票投资者情绪是否符合正态分布。以股票 600004 为例（见图 3 - 1），明显的 600004 股票投资者情绪分布与正态分布有较大的差别，且有明显的右偏现象。这一现象并非个别现象，对 593 只股票单只股票投资者情绪的偏、峰度的统计最终结果见表 3 - 3。

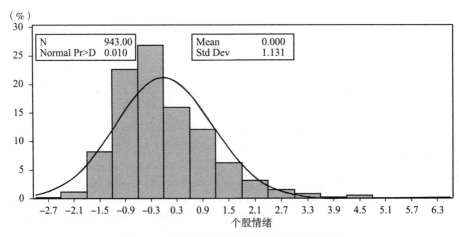

图 3 - 1 股票 600004 投资者情绪分布直方图

表 3 - 3　　　　　　　　　单只股票投资者情绪的偏、峰度统计

项目	N	均值	标准差	最小值	最大值
正偏度	593	1.8839	1.0974	0.5033	13.3287
负偏度	0				
峰度 > 3	489	13.3830	24.2310	3.0345	303.4856
峰度 < 3	104	2.2310	0.5050	0.5669	2.9220

注：表中 N 表示满足条件的股票数量。

由表 3 - 3 知，所有 593 只股票的单只股票投资者情绪都具有正偏度，即 100% 的股票单只股票投资者情绪分布在均值右方向的尾部比在左方向的尾部有拉长的趋势；而 489 只（82.46%）股票的峰度都大于 3，表明大部分股票单只股票投资者情绪的分布具有尖峰特征，从而初步表明单只股票投资者情绪时间序列不符合正态分布。

严格按照 Shapiro-Wilk 检验进行正态性检验。对样本数据进行 Shapiro-Wilk 正态性检验时，当样本量 $N < 2000$ 时，如果 W 统计量对应 P 值 > 0.1，则不能拒绝服从正态分布。在 90% 的置信水平下，对 593 只股票单只股票投资者情绪的 Shapiro-Wilk 检验表明，所有股票的单只股票投资者情绪序列拒绝通过正态分布检验，即所有股票的单只股票投资者情绪不满足正态分布。

2. 单只股票投资者情绪 GARCH 建模

GARCH(p, q) 模型：

$$Y_t = X'_t\beta + \varepsilon_t \tag{3-1}$$

$$\varepsilon_t = \sqrt{h_t e_t}$$

$$h_t = \alpha_0 + \sum_{i=1}^{q} \alpha_i \varepsilon_{t-i} + \sum_{j=1}^{p} \gamma_i h_{t-j} \tag{3-2}$$

其中，$e_t \sim IN(0, 1)$，$p \geq 0$，$q > 0$，$\alpha_0 > 0$，$\alpha_i \geq 0$，$\gamma_i \geq 0$。方程（3-1）被称为收益均值方程，方程（3-2）被称为条件方差方程。以股票 600004 为例，建立单只股票投资者情绪的 GARCH（1，1），画出股票 600004 单只股票投资者情绪波动率的 GARCH 模型估计值（见图 3-2），可以发现其波动率存在一定的波动率聚集现象。

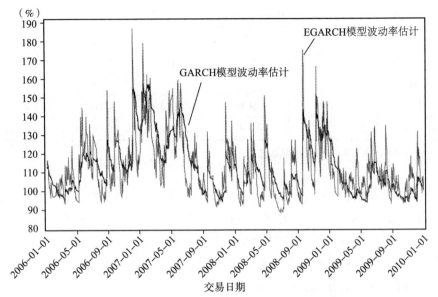

图 3 - 2   股票 600004 单只股票投资者情绪波动率的估计

表 3 - 4 中 Panel A 为股票 600004 单只股票投资者情绪的 GARCH（1，1）
建模参变量估计，从表中可以看到，条件方差方程中 α_1 和 γ_1 两项统计系数
显著异于零，说明了股票 600004 单只股票投资者情绪存在着波动率聚集的现
象。这一现象并非个别现象，表 3 - 4 中 Panel B 是对总样本的 593 只股票单
只股票投资者情绪 GARCH（1，1）建模的参变量 α_1 和 γ_1 的统计。表 3 - 4
的 Panel B 显示，α_1 统计系数在 90% 显著性水平下，异于零的股票数量为
522 只，γ_1 统计系数在 90% 显著性水平下，异于零的股票数量为 387 只。另
统计模型参变量 α_1 和 γ_1 两项统计系数在 90% 显著性水平下，异于零的股票
数量有 369 只，即 62.23% 的股票单只股票投资者情绪存在着波动率聚集的
现象。表明大部分时间内单只股票投资者情绪的变化较为平稳，但是在某些
个别时点会产生向上或向下大幅度的突然性变动，显示出突变性特征。

表 3 - 4   单只股票投资者情绪的 GARCH（1，1）建模参变量

Panel A					
项目	DF	参变量估计	标准差	t 统计量	伴随概率
截距项	1	− 0.0017	0.0446	− 0.04	0.9701
ARCH0	1	0.0387	0.0208	1.86	0.0632

续表

Panel A					
项目	DF	参变量估计	标准差	t 统计量	伴随概率
ARCH1	1	0.0276	0.0097	2.85	0.0043
GARCH1	1	0.9416	0.0246	38.20	<0.0001

Panel B					
项目		N	均值	标准差	最小值	最大值
α_1	参变量估计	522	0.1345	0.1227	0.0078	0.9281
	伴随概率		0.0098	0.0201	0	0.0996
γ_1	参变量估计	387	0.7065	0.2273	0.0901	0.9866
	伴随概率		0.0050	0.0155	<0.0001	0.0971

注：N 表示在 90% 显著性水平下，GARCH（1，1）建模参变量显著的股票数。Panel A 为 600004 单只股票投资者情绪 GARCH（1，1）建模参变量统计；Panel B 为总样本单只股票投资者情绪 GARCH（1，1）建模参变量 α_1 和 γ_1 的统计。

3. 单只股票投资者情绪 EGARCH 建模

EGARCH 模型的收益均值方程与 GARCH 模型的收益均值方程一样，条件方差方程为：

$$\ln(h_t) = \alpha_0 + \sum_{i=1}^{q} \alpha_i g(z_{t-i}) + \sum_{j=1}^{p} \gamma_i \ln(h_{t-j}) \qquad (3-3)$$

其中，$g(z_t) = \theta z_t + \gamma[\ |z_t| - E|z_t|\ ]$，$z_t \sim N(0,1)$。通常 γ 设定为 1。通过变形，可以看出 $g(z_t)$ 的非对称性：

$$g(z_t) = \begin{cases} (\theta+1)z_t - \sqrt{2/\pi}, & e_t \geq 0 \\ (\theta-1)z_t - \sqrt{2/\pi}, & e_t < 0 \end{cases}$$

所以，当 θ 统计系数大于零时，条件方差对于正的信息冲击的反应要大于负的信息冲击的反应；当 θ 统计系数小于零时，条件方差对于负的信息冲击的反应要大于正的信息冲击的反应；当 θ 统计系数等于零时，不存在上述非对称效应。

图 3-2 中 EGARCH（1，1）建模模拟直观看到，EGARCH（1，1）与 GARCH（1，1）都是对单只股票投资者情绪波动的较好估计。表 3-5 的 Panel A 为股票 600004 的单只股票投资者情绪 EGARCH（1，1）建模参变量估计，600004 的 EGARCH 模型估计最终结果中 θ 统计系数大于零，但并不显

著,可见该股票的单只股票投资者情绪对于信息反应不存在显著的不对称性。这一现象在所有 593 只股票中,只占少数。表 3 – 5 中 Panel B 是单只股票投资者情绪 EGARCH(1,1)建模参变量 θ 的统计。从表 3 – 5 中 Panel B 显示,θ 统计系数在90% 显著性水平下,异于零的股票有 522 只。即88.03% 的股票单只股票投资者情绪对于信息反应存在显著的非对称性。并且这些显著的 θ 统计系数都是正的,表明条件方差对于正的信息冲击的反应要大于负的信息冲击的反应。

表 3 – 5　　　　　单只股票投资者情绪的 EGARCH(1,1)建模参变量

Panel A					
项目	DF	参变量估计	标准差	t 统计量	伴随概率
截距项	1	0.0148	0.0362	0.41	0.6832
EARCH0	1	0.0320	0.0173	1.85	0.0641
EARCH1	1	0.0905	0.0417	2.17	0.0301
EGARCH1	1	0.8578	0.0721	11.89	<0.0001
THETA	1	1.0422	0.8661	1.20	0.2288
Panel B					
项目		N	均值	标准差	最小值	最大值
θ	参变量估计	522	0.1346	0.1227	0.0078	0.9281
	伴随概率		0.0098	0.0201	<0.0001	0.0996

注:N 表示在90% 显著性水平下,θ 统计系数显著异于零的股票数。Panel A 为股票 600004 单只股票投资者情绪的 EGARCH(1,1)建模统计;Panel B 为单只股票投资者情绪 EGARCH(1,1)建模参变量 θ 的统计。

总之,我们通过选取表征单只股票投资者情绪的三个源变量(单只股票交易金额增长率、单只股票 BSI 指标、单只股票调整换手率指标),采用主成分分析方法构建了单只股票投资者情绪复合指标——CIISS。并进一步利用单位根检验、GARCH、EGARCH 建模等方法,对上海证券交易所上市时间早于 2006 年 1 月 1 日,并在 2006 年 1 月 1 日~2009 年 12 月 31 日期间交易天数超过 880 天的 A 股股票进行单只股票投资者情绪特征分析。最终结果表明:单只股票投资者情绪时间序列是平稳的,但是绝大多数单只股票投资者情绪不满足正态分布;大部分(62.23%)单只股票投资者情绪存在波动率聚集的现象,并且绝大部分(88.03%)单只股票投资者情绪对于信息的不对称性反应显著。

3.1.3 单只股票投资者情绪对单只股票收益的冲击分析

对投资者情绪的研究的一个关键问题是，投资者情绪是否会影响股票收益。对这一问题的研究主要讨论的是投资者市场中投资者情绪如何影响股票收益的问题，表现的是投资者对市场整体的信念。当前对投资者市场投资者情绪如何影响股票收益的讨论可划分为如下两种情况：

（1）研究投资者整体市场投资者情绪与股票市场指标间的关系。如很多文献（Lee et al.，2002；Fisher & Statman，2003；王美今和孙建军，2004；Verma & Verma，2007；Verma & Soydemirb，2009；史金艳和刘芳芳，2010）都在这一研究上做出了贡献。普遍的结论是投资者情绪对低市值股票指标（如纳斯达克指标）的影响较大，对高市值股票指标的影响较小。

（2）研究投资者整体市场投资者情绪与股票组合收益的关系。一些研究者对这一情况进行了讨论。一般的结论是投资者情绪对低市值股票组合、低机构持股组合的影响较大（Brown & Cliff，2005；Lemmon & Portniaguina，2006；池丽旭和庄新田，2009）。

本书与之不同，将重点讨论单只股票投资者情绪与其收益间的关系，深入探讨单只股票投资者情绪对单只股票收益影响的截面效应以及不同投资者情绪状态下投资者情绪对单只股票收益影响的比较。

1. 规模截面效应分析

投资者情绪是否为股票收益的重要影响因子。之前的研究大多分析市场投资者情绪对市场或股票组合收益的影响（如：Lee et al.，2002；Fisher & Statman，2003；王美今和孙建军，2004；Verma & Verma，2007；Verma & Soydemirb，2009；史金艳和刘芳芳，2010），而少量研究单只股票投资者情绪与单只股票收益关系的文献中，其单只股票投资者情绪代理变量都是单一的变量（如：梁丽珍，2010；池丽旭和庄新田，2011）。除非认定投资者情绪是这些指标变化的唯一或最关键原因，才能单独作为投资者情绪指标度量指标（刘力等，2007）。所以，本书将基于单只股票投资者情绪复合指标 CIISS，通过如下单因子模型来检验单只股票投资者情绪与单只股票收益间的关系。

$$Return_{i,t} = a + b \times CIISS_{i,t} + \varepsilon_{i,t} \qquad (3-4)$$

为更精确考察该截面效应，本书把流通市值顺序排名在样本期开始及样本期结束时，两个时期都处于市值排名最小前 50 名的划分为低市值股票（共 20 只股票），两个时期都处于市值排名最大前 50 名的划分为高市值股票（共 29 只股票），以考察高市值股票投资者情绪与低市值股票投资者情绪对股票收益影响的截面异同。为此，分析如下模型：

$$Return_{i,t} = a_1 + a_2 D_i + b_1 \times CIISS_{i,t} + b_2 \times (D_i \times CIISS_{i,t}) + \varepsilon_{i,t} \quad (3-5)$$

其中，D_i 为虚拟变量，

$$D_i = \begin{cases} 1, & 股票\ i\ 为大盘股 \\ 0, & 股票\ i\ 为小盘股 \end{cases}$$

表 3-6 报告了单只股票投资者情绪对单只股票收益冲击的时序分析参变量统计最终结果。为了便于统计，我们把模型（3-4）、模型（3-5）中回归所得到的截距项统计系数、一次项统计系数统一记为 a、b。

表 3-6　单只股票投资者情绪对单只股票收益影响的时序分析参变量统计

项目	总样本		高市值股票		低市值股票	
	平均值	中位数	平均值	中位数	平均值	中位数
a	0.0023 (593)	0.0022	0.0021 (29)	0.0021	0.0023 (20)	0.0023
b	0.0207 (593)	0.0208	0.0186 (29)	0.0192	0.0212 (20)	0.0210
R	0.4111 (593)	0.4161	0.4257 (29)	0.4609	0.4231 (20)	0.4282
调整 R	0.4105	0.4155	0.4250	0.4603	0.4276	0.4276

注：表中括号内数值为 90% 的显著水平下显著的股票数量。

表 3-6 显示所有 593 只股票的单只股票投资者情绪对单只股票收益冲击的模型（3-4）拟合，在 90% 的显著水平下是显著的，表明单只股票投资者情绪是影响单只股票收益的重要系统性因子。在表 3-6 中，总样本的单只股票投资者情绪的统计系数 b 的均值、中位数都大于零，表明单只股票投资者情绪与单只股票收益正相关：单只股票投资者情绪高昂时，单只股票收益增加；单只股票投资者情绪衰落时，单只股票收益减小。低市值股票投资者情

绪对低市值股票收益影响统计系数 b 的均值（0.0212）、中位数（0.0210）都比高市值股票投资者情绪对高市值股票收益冲击统计系数 b 的均值（0.0186）、中位数（0.0192）大，表明平均而言，低市值股票投资者情绪对低市值股票收益的冲击影响较高市值股票投资者情绪对高市值股票收益的影响更大。该结论与美国市场的结论（Kumar & Lee, 2006；Baker & Wurgler, 2006）一致。

2. 投资者情绪涨跌分析

现实金融市场中，投资者往往在牛市、熊市表现出不同的心态。与之类似，我们认为单只股票投资者情绪的上涨、下跌也会对单只股票收益造成不同的影响。为检验这一假设，本书拟进一步分析投资者情绪上涨、下跌时，单只股票投资者情绪对单只股票收益影响的差异。简单起见，我们把单只股票投资者情绪上涨、下跌划分为如下情况：单只股票投资者情绪上涨，即当期 CIISS 数值上大于、等于上期 CIISS 数值；单只股票投资者情绪下跌，即当期 CIISS 数值上小于上期 CIISS 数值。我们构建如下回归模型：

$$Return_{i,t} = a_1 + a_2 D_t + b_1 \times CIISS_{i,t} + b_2 \times (D_t \times CIISS_{i,t}) + \varepsilon_{i,t} \qquad (3-6)$$

其中，D_t 为虚拟变量，

$$D_t = \begin{cases} 1, & CIISS_{i,t} - CIISS_{i,t-1} \geq 0 \\ 0, & CIISS_{i,t} - CIISS_{i,t-1} < 0 \end{cases}$$

表 3-7 报告了模型（3-6）的回归最终结果，其中为了便于比较，我们把模型（3-6）中回归所得到的截距项统计系数、一次项统计系数统一记为 a、b。

表 3-7　单只股票投资者情绪上涨、下跌时模型（3-6）参变量统计

项目	Panel A			Panel B		
	投资者情绪上涨时			投资者情绪下跌时		
	均值	中位数	标准差	均值	中位数	标准差
a	0.0050 (592)	0.0049	0.0017	0.0032 (593)	0.0033	0.0021
b	0.0182 (592)	0.0183	0.0032	0.0251 (593)	0.0251	0.0043

续表

项目	Panel A			Panel B		
	投资者情绪上涨时			投资者情绪下跌时		
	均值	中位数	标准差	均值	中位数	标准差
R	0.3424 (592)	0.3474	0.0709	0.3518 (593)	0.3558	0.0644
调整 R	0.3410	0.3461	0.0711	0.3503	0.3542	0.0645

注：表中括号内数值为90%的显著水平下显著的股票数量。

表 3 - 7 中在 90% 显著水平下，Panel A 显示当投资者情绪上涨时，有 592 只股票（99.83%）的单只股票投资者情绪对单只股票收益的影响是显著正相关的；Panel B 显示当投资者情绪下跌时，所有 593 只股票的单只股票投资者情绪对单只股票收益的影响是显著正相关的。即，不论单只股票投资者情绪上涨、还是下跌，单只股票投资者情绪都是单只股票收益正相关的系统性影响因子。对比 Panel A 与 Panel B，平均而言，单只股票投资者情绪上涨时的统计系数 b 的均值（0.0182）、中位数（0.0183）都比单只股票投资者情绪下跌时的统计系数 b 的均值（0.0251）、中位数（0.0251）小。这表明在本书考察的样本期里，单只股票投资者情绪下跌对单只股票收益的冲击更大，证实中国投资者是存在处置效应的。这与张强和杨淑娥（2009）通过市场投资者情绪与上证综指的回归得到的最终结果相反。本书认为造成这一相反结论的主要原因是本书讨论的主要是单只股票投资者情绪对单只股票收益的影响，而张强和杨淑娥（2009）讨论的是市场投资者情绪对市场指标的影响。这表明对单只股票而言，投资者易于出现卖出获利的股票而继续持有亏空的股票这一现象。

3. 稳健性检验

本书拟采用面板数据分析方法，对 2006 年 1 月 1 日 ~ 2009 年 12 月 31 日的样本期内数据进行回归分析，以检验本书结论的稳健性。表 3 - 8 通过面板数据重复了 593 只样本股票的单只股票投资者情绪对单只股票收益的冲击检验，Panel A 最终结果表明应拒绝固定效应模型。Panel B 显示应接受随机效应模型，且 Panel B 最终结果也支持本书结论：单只股票投资者情绪与单只股票收益正相关，单只股票投资者情绪对低市值股票的影响（0.0219）大于其对高市值股票的影响（0.0188）。

表3-8　　　　　单只股票投资者情绪对单只股票收益冲击的面板数据分析

Panel A：固定效应

项目		所有股票（1）		高市值股票（2）		低市值股票（3）	
		参变量估计	t统计量	参变量估计	t统计量	参变量估计	t统计量
a		0.0034 ***	3.53	0.0022 ***	2.65	0.0028 ***	2.85
b		0.0207 ***	609.55	0.0188 ***	139.53	0.0219 ***	114.60
R		0.4071		0.4236		0.3720	
无固定效应F检验	Num DF	592		28		19	
	Den DF	54931		26503		18042	
	F Value	0.39		0.42		0.34	
	Pr > F	1.00		0.99		0.99	

Panel B：随机效应

项目		所有股票（1）		高市值股票（2）		低市值股票（3）	
		参变量估计	t统计量	参变量估计	t统计量	参变量估计	t统计量
a		0.0023 ***	58.77	0.0021 ***	13.38	0.0023 ***	10.77
b		0.0207 ***	609.41	0.0188 ***	139.57	0.0212 ***	114.64
R		0.4068		0.4234		0.4212	
随机效应豪斯曼检验	DF	1		1		1	
	m Value	< 0.0001		< 0.0001		< 0.0001	
	Pr > m	> 0.9999		> 0.9999		> 0.9999	

注：*、**、*** 分别表示10%、5%、1%的水平下显著。

同样，我们也重复了单只股票投资者情绪上涨、下跌时模型（3-6）的面板回归分析，得到表3-9的稳健性最终结果。表3-9直接报告了模型（3-6）的随机效应模型最终结果，其中 Panel A 为投资者情绪上涨时单只股票投资者情绪对单只股票收益影响的分析最终结果，Panel B 为投资者情绪下跌时单只股票投资者情绪对单只股票收益影响的分析最终结果。可以看出，Panel A、Panel B 中，参变量 b 都是显著的，表明单只股票投资者情绪上涨、下跌时对单只股票收益的影响都是显著的。对比 Panel A 与 Panel B，单只股票投资者情绪下跌时的统计系数 b 值（0.0250）比单只股票投资者情绪上涨时的 b 值（0.0182）大，表明本书的结论（投资者对单只股票存在处置效应）是稳健的。

表 3-9　基于面板分析的投资者情绪上涨、下跌时对单只股票收益冲击

项目		Panel A		Panel B	
		投资者情绪上涨时		投资者情绪下跌时	
		参变量估计	t 统计量	参变量估计	t 统计量
a		0.0049 ***	51.80	0.0032 ***	30.17
b		0.0182 ***	385.36	0.0250 ***	362.89
R		0.3369		0.3457	
随机效应豪斯曼检验	DF	1		1	
	m Value	104.36		42.43	
	Pr > m	<0.001		<0.001	

注：*、**、*** 分别表示 10%、5%、1% 的水平下显著。

总之，本节选择单只股票交易金额增长率、单只股票换手率指标及单只股票买卖不均衡 BSI 指标作为单只股票投资者情绪的源变量，应用主成分分析方法构建了单只股票投资者情绪指标，并对其与单只股票收益间的关系进行实证分析。单只股票投资者情绪上涨、下跌状态的分别研究表明，单只股票投资者情绪下跌对单只股票收益的冲击影响比单只股票投资者情绪上涨对单只股票收益的冲击影响更大，表明投资者对单只股票存在处置效应：投资者偏好于卖出已获利的股票而继续持有亏空的股票。

3.2　股指期货市场投资者情绪指标度量

金融市场中，股指期货作为在风险管理中有着独特优势的一种金融衍生

品，已逐渐成为世界上管理资本市场风险的主流工具。据国际清算银行统计，2010 年全球股指期货合约成交 23.94 亿手，约占全部金融期货交易的 40%。在我国，2010 年 4 月 16 日与资本市场挂钩的中国第一只金融期货——沪深 300 股指期货合约正式上市交易。然而，股指期货是一柄"双刃剑"，在为资本市场提供风险管理工具的同时亦难以摆脱衍生产品固有的高风险特征，使用不当极易诱发资本市场风险乃至金融危机（龙瑞等，2011）。可见股指期货在具有调控风险作用的同时，也具有高杠杆性、投机性和交易策略复杂性等特点，有着远高于股票现货市场的风险。

目前学术研究界对股指期货的探讨主要集中在三个方面。第一方面，探讨股指期货的推出对经济、金融市场所带来的影响及意义。例如，涂志勇和郭明（2008）分析了股指期货对现货市场价格的影响；孟海亮和任若恩（2009）分析了股指期货推出对股票市场的影响。第二方面，研究股指期货对现货市场的价格发现作用。例如，肖辉等（2006）使用脉冲响应和一般因子分解模型检验了多个指标现货市场和期货市场之间的价格发现过程；华仁海和刘庆富（2010）用高频数据研究了这一价格发现作用。第三方面，分析股指期货收益的波动率特征。例如，一些文献（Andersen & Bollerslev，1998，2001；Martens & Dijk，2007；Patton & Sheppard，2009；Barndorff-Nielsenhe & Shephard，2004；Chaboud et al.，2010）用已实现（极差、双幂）波动率来描述股指期货波动率特征；魏宇（2010）比较研究了几种股指期货波动率的度量方法。

金融市场上金融产品收益的影响因子是重要课题。例如，在股票市场上众多学者研究了动量因子（Carhart，1997）、规模因子及账面市值比因子（Fama & French，1996）对股票收益的影响；库马尔和李（Kumer & Lee，2006）研究表明投资者情绪是股票收益的重要系统性因子，随后投资者情绪研究成为行为金融领域的一个重要热点，众多的研究（如：Verma & Soydemirb，2009；易志高和茅宁，2009；池丽旭和庄新田，2011；Chiang et al.，2011）在这一课题上进行了探讨，也表明投资者情绪是影响股票收益的重要因子。但当前对股指期货合约收益的影响因子研究较少，同时也缺乏这些影响因子对股指期货合约收益冲击的具体刻画。事实上，准确找到影响股指期货合约收益的因子，并深入刻画这些影响因子对股指期货合约收益的冲击，对投资者在股指期货市场有效规避投资风险及监管部门科学合理发挥股指期货的市场调节功能，并最终促进金融市场平稳较快发展具有重要的理论及现实意义。

3.2.1　股指期货市场投资者情绪的度量——多空不均衡指标

针对股票市场构建了买卖不均衡指标（BSI）以度量股票所表现的投资者情绪，并通过实证表明买卖不均衡指标是股票定价的系统性因子（Kumar & Lee, 2006）。其买卖不均衡指标的定义为：

$$BSI = \frac{主动买盘 - 主动卖盘}{主动买盘 + 主动卖盘} = \frac{主动买盘 - 主动卖盘}{成交量} \qquad (3-7)$$

事实上，投资者情绪是投资者基于对风险资产未来现金流和投资风险的预期而形成的一种信念，但这一信念并不能完全表现当前已有的事实（Baker & Wurgler, 2006）。买卖不均衡指标定义模型（3-7）中的主动买盘表现了投资者的看涨信念，而主动卖盘表现了投资者的看跌信念。该定义根据股票的买卖性质清晰刻画了投资者对股票的信念，利用客观交易数据对股票市场中的投资者情绪给出了有效度量。

但是，不同于股票市场中买卖性质仅有买和卖这两种划分，股指期货市场高频买卖数据中，买卖性质的划分主要有如下8种情况：多开指标、空开指标、多平指标、空平指标、双开指标、双平指标、多换指标及空换指标。

（1）多开指标：空头交易者与多头交易者一起开仓，以多头交易者报价成交，表现主动性买盘；

（2）空开指标：多头交易者与空头交易者一起开仓，以空头交易者报价成交，表现主动性卖盘；

（3）多平指标：多头交易者主动平仓；

（4）空平指标：空头交易者主动平仓；

（5）双开指标：新多头交易者买进开仓，新空头交易者卖出开仓，即双方都为开仓；

（6）双平指标：老多头交易者卖出平仓，老空头交易者买进平仓，即双方都为平仓；

（7）多换指标：多头交易者换手，老多头交易者卖出平仓，新多头交易者买进开仓；

（8）空换指标：空头交易者换手，老空头交易者买进平仓，新空头交易者卖出开仓。

可见，在股指货市场中，投资者在考虑投资者买卖合约的同时，更应详细区分投资者买卖的是空头合约还是多头合约。仅仅以主动买盘、主动卖盘的划分将难以表现股指期货市场投资者看涨、看跌的信念。即，传统股票市场中以主动买卖盘来表现投资者看涨、看跌信念的方法，将不能测度投资者在股指期货市场的看涨、看跌信念，从而导致直接应用买卖不均衡指标来度量股指期货市场投资者情绪是缺乏意义的。

为此，本书针对股指期货市场 8 种主要买卖性质，将股指期货合约成交量、持仓量数据划分为看空、看多两种情况，以进一步构建能取代买卖不均衡指标的多空不均衡指标，用以度量股指期货市场投资者情绪。

1. 成交量多空不均衡指标

成交量是在一个特定的时间内股指期货合约换手的数量累计，是表现股指期货市场流动性的重要指标，一定时期内成交量的大小表现了投资者交易的活跃程度。然而，仅仅看成交量的绝对数值大小难以表现出投资者情绪的高低。例如："放量上涨"与"放量下跌"时，成交量的绝对数值都很大，但是前者成交量的扩大表现投资者情绪的高涨，而后者成交量的扩大却是表现投资者情绪的低落。所以，本书按照股指期货合约每笔成交量的买卖性质，按其表现的看多、看空投资者情绪的不同将对应成交量划分为看多成交量与看空成交量。

对应每笔成交明细的买卖性质的不同，成交量表现了投资者情绪的高涨和低落的不同状态。如：买卖性质为"多开指标"或"空平指标"时，表现了投资者看多股指，这意味着投资者的投资者情绪高昂；买卖性质为"空开指标"或"多平指标"时，表现了投资者看空股指，这意味着投资者的投资者情绪衰落；而买卖性质为"双开指标""双平指标""空换指标"及"多换指标"时，成交量表现投资者看平的投资者情绪。

因此，记时期 t 的看多成交量为 $CVol_t$，则 $CVol$ 等于时期 t 内所有买卖性质为"多开指标"或"空平指标"时成交量的累加；记时期 t 的看空成交量为 $PVol_t$，则 $PVol_t$ 等于时期 t 内所有买卖性质为"空开指标"或"多平指标"时成交量的累加；记时期 t 的表现投资者看平信念的成交量为 $SVol_t$，

则 $SVol_t$ 等于时期 t 内所有买卖性质为"双开指标""双平指标""空换指标"或"多换指标"时成交量的累加。由此，构建时期 t 成交量多空不均衡指标 $VolCPI_t$ 为：

$$VolCPI_t = \frac{CVol_t - PVol_t}{CVol_t + PVol_t + SVol_t} = \frac{CVol_t - PVol_t}{Vol_t} \qquad (3-8)$$

其中，Vol_t 表示时期 t 内的总成交量。

2. 持仓量多空不均衡指标

持仓量指的是股指期货合约未平仓头寸的累计，即未平仓合约数。增仓表示股指期货未平仓合约数量增加，而减仓表示股指期货未平仓合约数量的减少。股指期货成交明细的高频数据在给出每笔成交量的同时也给出了每笔交易导致的增（减）仓数量。对应每笔成交明细的 8 种买卖性质，增仓量反映了投资者情绪的高涨和低落的不同状态。例如，买卖性质为"多开指标""空平指标""多换指标"且同时为"增仓"以及"空换指标"且同时为"减仓"时，增仓量表现了投资者看多股指，这意味着投资者的投资者情绪高昂；买卖性质为"多平指标""空开指标""多换指标"且同时为"减仓"以及"空换指标"且同时为"增仓"时，增仓量表现了投资者看空股指，这意味着投资者的投资者情绪衰落；而买卖性质为"双开指标""双平指标"时，增仓量表现投资者的看平投资者情绪。

因此，记时期 t 的看多增仓量为 COI_t，则 COI_t 等于时期 t 内所有买卖性质为"多开指标""空平指标""多换指标"且同时为"增仓"以及"空换指标"且同时为"减仓"时，增仓量绝对值的累加；记时期 t 的看空增仓量为 POI_t，则 POI_t 等于时期 t 内所有买卖性质为"多平指标""空开指标""多换指标"且同时为"减仓"以及"空换指标"且同时为"增仓"时，增仓量绝对值的累加；记时期 t 表现投资者看平信念的增仓量为 SOI_t，则 SOI_t 等于时期 t 内所有买卖性质为"双开指标""双平指标"时增仓绝对值的累加。由此，构建时期 t 持仓量多空不均衡指标 $OICPI_t$ 为：

$$OICPI_t = \frac{COI_t - POI_t}{COI_t + POI_t + SOI_t} = \frac{COI_t - POI_t}{TOI_t} \qquad (3-9)$$

其中，TOI_t 表示时期 t 内的增仓量绝对值的累加。

3. 股指期货市场投资者情绪指标

对于股指期货而言，每个交易日共有当月连续（代码 IFL0 合约）、下月连续（代码 IFL1 合约）、下季连续（代码 IFL2 合约）和隔季连续（代码 IFL3 合约）4 个合约交易。如果仅以某一合约的多空不均衡指标作为股指期货市场投资者情绪代理变量难免有以偏概全的质疑。所以，考虑到 4 个不同合约交易情况，以成交量多空不均衡指标、持仓量多空不均衡指标为基础，构建如下时刻 t 股指期货市场投资者情绪指标（股指期货多空不均衡指标）：股指期货市场成交量多空不均衡指标（$VolCPI_{M,t}$）、股指期货市场持仓量多空不均衡指标（$OICPI_{M,t}$）：

$$VolCPI_{M,t} = \frac{\sum_{i=0}^{3} CVol_{IFLi,t} - \sum_{i=0}^{3} PVol_{IFLi,t}}{\sum_{i=0}^{3} Vol_{IFLi,t}} \qquad (3-10)$$

$$OICPI_{M,t} = \frac{\sum_{i=0}^{3} COI_{IFLi,t} - \sum_{i=0}^{3} POI_{IFLi,t}}{\sum_{i=0}^{3} TOI_{IFLi,t}} \qquad (3-11)$$

其中，累加符号表示对股指期货市场 4 个合约对应变量相加。例如，$\sum_{i=0}^{3} CVol_{IFLi,t}$ 表示对股指期货市场 4 个合约时刻 t 的看多成交量的累加。

3.2.2 数据与统计性描述

1. 数据描述

沪深 300 股指期货合约于 2010 年 4 月 16 日正式上市，鉴于上市首日可能存在波动性差异，本书选取 2010 年 4 月 19 日~2011 年 9 月 30 日的高频数据进行分析。以 15 分钟时间间隔计算各变量，数据共包括 6534 个时间间隔。样本数据包括了股指期货当月连续（代码 IFL0 合约）、下月连续（代码 IFL1 合约）、当季连续（代码 IFL2 合约）及隔季连续（代码 IFL3 合约）4 个合约的 15 分钟高频数据。研究数据来源于中国金融期货交易所（http://www.cffex.com.cn）和锐思高频数据库（RESSET）。

2. 基本统计量描述及正态性检验

表 3 – 10 报告了股指期货市场投资者情绪指标的基本统计量、偏度、峰度及 Shapiro-Wilk 正态性检验的最终结果。

表 3 – 10 　　　　　　　　股指期货市场投资者情绪指标描述性统计

指标	均值	标准差	中位数	偏度	峰度	W 统计量	Pr < W
$VolCPI_{M,t}$	− 0.0053	0.0960	− 0.0077	2.5082	51.1077	0.1312	< 0.0100
$OICPI_{M,t}$	− 0.0086	0.0990	− 0.0096	2.1564	54.0631	0.1298	< 0.0100

对样本数据进行 Shapiro-Wilk 正态性检验时，当样本量 $N < 2000$ 时，如果 W 统计量对应 P 值 > 0.0100，则在 1% 显著性水平下不能拒绝服从正态分布。表 3 – 10 中，成交量多空不均衡指标及持仓量多空不均衡指标 Shapiro-Wilk 检验的 P 值都小于 0.0100，表明 1% 显著性水平下，这两单只股票指市场投资者情绪指标都不满足正态分布。事实上，进一步对股指期货 4 个合约的 15 分钟收益率进行 Shapiro-Wilk 检验，P 值都小于 0.0100，表明股指期货 4 个合约的 15 分钟收益率在 1% 显著性水平下都拒绝通过正态性检验，这与龙瑞等（2011）对本月连续合约的检验最终结果是一致的。

在实证建模、深入分析之前检验时间序列是否稳定很重要，因为时间序列是否平稳将会很强烈地影响序列的行为与特征（Brooks，2008）。简单考虑滞后一阶的情况，表 3 – 11 报告了股指期货市场投资者情绪指标稳定性检验的最终结果。

表 3 – 11 　　　　　　　　多空不均衡指标序列 ADF 检验最终结果

				Panel A			
类型	Lags	Rho	Pr < Rho	Tau	Pr < Tau	F	Pr > F
零均值	0	− 6595.83	0.0001	− 81.61	< 0.0001		
	1	− 6917.17	0.0001	− 58.81	< 0.0001		
单均值	0	− 6615.63	0.0001	− 81.85	< 0.0001	3349.82	0.0010
	1	− 6981.55	0.0001	− 59.08	< 0.0001	1722.93	0.0010
趋势	0	− 6617.03	0.0001	− 81.86	< 0.0001	3350.77	0.0010
	1	− 6986.21	0.0001	− 59.09	< 0.0001	1745.86	0.0010

Panel B							
类型	Lags	Rho	Pr < Rho	Tau	Pr < Tau	F	Pr > F
零均值	0	-6513.04	0.0001	-81.32	< 0.0001		
	1	-6623.99	0.0001	-57.68	< 0.0001		
单均值	0	-6560.96	0.0001	-81.89	< 0.0001	3353.41	0.0010
	1	-6776.93	0.0001	-58.33	< 0.0001	1701.14	0.0010
趋势	0	-6565.03	0.0001	-81.94	< 0.0001	3357.05	0.0010
	1	-6790.10	0.0001	-58.38	< 0.0001	1704.15	0.0010

注：Panel A 为股指期货市场成交量多空不均衡指标 ADF 检验；Panel B 为股指期货市场持仓量多空不均衡指标 ADF 检验。

无论是否考虑漂移项或时间趋势，表 3 - 11 中 Panel A 中 Tau 的 P 值都小于 0.01，表明股指期货市场成交量多空不均衡指标在 1% 的显著性水平下是平稳的。表 3 - 11 中 Panel B 中 Tau 的 P 值都小于 0.01，表明股指期货市场持仓量多空不均衡指标在 1% 的显著性水平下是平稳的。事实上，对股指期货 4 个合约 15 分钟收益进行平稳性检验，最终结果显示各合约 15 分钟收益率 Tau 的伴随概率都小于 0.01，表明股指期货 4 个合约 15 分钟收益率数据在 1% 的显著性水平下都是平稳的。

股指期货成交量多空不均衡指标与持仓量多空不均衡都表现了投资者看涨、看跌的信念，故本书将其作为股指期货市场投资者情绪的代理变量。持仓量数据是股指期货市场有别于股票市场的重要变量，所以本书选取持仓量多空不均衡指标作为模型检验之用，而在第 3.2.4 节中采用成交量多空不均衡指标进行研究结论的稳健性检验。

3.2.3 投资者情绪对股指期货市场的冲击

1. 投资者情绪冲击的总体效应分析

高频金融时间序列分布通常具有波动率聚集（volatility clustering）特性，GARCH 类模型能较好揭示这种波动特性。经检验发现，股指期货市场投资者情绪对股指期货 4 个合约 15 分钟收益率影响的 ARCH 效应检验的 LM 统计量或 Q 统计量均在 1% 显著性水平下拒绝了 OLS 回归残差为白噪声的原假设，这说明了 ARCH 效应的存在。所以在分析投资者情绪对股指期货市场的影响时，我们拟抉择 GARCH 类模型进行实证检验。进一步检验发现，GARCH-M 类模型的波动溢价统计系数不显著，表明异方差项加入收益均值方程并不合适，即采用 GARCH-M 类模型分析股指期货市场投资者情绪对股指期货各合约收益的冲击并不合适。所以，本书为分析投资者情绪对股指期货市场收益的影响，最终抉择了如下 GJR-GARCH（1，1）模型（Glosten et al.，1993）：

$$\begin{cases} R_{i,t} = \alpha_{i,0} + \alpha_{i,1}Sent_t + \varepsilon_{i,t} \\ h_{i,t} = \beta_{i,0} + \beta_{i,1}h_{i,t-1} + \beta_{i,2}\varepsilon_{t-1}^2 + \beta_{i,3}\varepsilon_{t-1}^2 \times I_{i,t-1} \\ \varepsilon_{i,t} \mid I_{i,t-1} \sim N(0,\ h_{i,t}) \end{cases} \quad (3-12)$$

其中，$i = 0$，1，2，3 分别表示股指期货市场代码 IFL0 合约、代码 IFL1 合约、代码 IFL2 合约、代码 IFL3 合约 4 个合约。$I_{i,t-1}$ 为表示"杠杆效应"的虚拟变量，当 $\varepsilon_{i,t-1} \geq 0$ 时，$I_{i,t-1} = 1$；当 $\varepsilon_{i,t-1} < 0$ 时，$I_{i,t-1} = 0$。这里"杠杆效应"指：如果 $\beta_{i,3}$ 显著大于 0，则表示利空消息对收益波动的冲击要大于同等程度利好消息所造成的冲击；如果 $\beta_{i,3}$ 显著小于 0，则表示利空消息对收益波动的冲击要小于同等程度利好消息所造成的冲击。$\alpha_{i,0}$ 为截距项；$\alpha_{i,1}$ 表示投资者情绪对股指期货 IFLi 合约收益的影响，$\alpha_{i,1}$ 显著大于 0 表示存在投资者情绪对股指期货收益的正向影响，$\alpha_{i,1}$ 显著小于 0 表示存在投资者情绪对股指期货收益的负向影响。$Sent_t$ 表示股指期货市场投资者情绪序列。表 3-12 中报告了持仓量多空不均衡指标对股指期货各合约收益冲击总体效应的模型（3-12）分析检验最终结果。

表 3-12　　　　　　　　　投资者情绪冲击的总体效应检验

种类	α_0	α_1	β_0	β_1	β_2	β_3	R^2	Adj. R^2
IFL0	1.6E－4 *** （4.99）	0.0182 *** （42.05）	2.6E－8 *** （4.55）	0.0291 *** （10.48）	0.9817 *** （460.39）	－0.0270 *** （－9.63）	0.1875	0.1868
IFL1	0.7E－4 ** （2.09）	0.0097 *** （26.94）	4.4E－8 *** （4.16）	0.0313 *** （6.88）	0.9793 *** （325.39）	－0.0291 *** （－5.86）	0.1051	0.1044
IFL2	1.8E－4 *** （5.89）	0.0178 *** （39.44）	2.5E－7 *** （5.19）	0.1109 *** （6.68）	0.9037 *** （66.21）	－0.0769 *** （－5.51）	0.1714	0.1708
IFL3	2.0E－4 *** （6.21）	0.0201 *** （40.67）	1.2E－7 *** （3.88）	0.0724 *** （5.96）	0.9385 *** （87.35）	－0.0481 *** （－5.02）	0.1847	0.1841

注：*、**、*** 分别表示 10%、5%、1% 的水平下显著。括号内数值为 t 值。

从表 3 – 12 估计最终结果看，持仓量多空不均衡指标对股指期货各合约收益冲击总体效应的模型（3 – 12）各回归统计系数绝大多数都在 1% 显著性水平下显著异于零（代码 IFL1 合约的截距项统计系数 α_0 在 5% 显著性水平下显著异于零），且模型的调整 R^2 大多达到 17% 以上，表明投资者情绪是股指期货定价的重要系统性因子。具体的，在 1% 显著性水平下 α_1 显著大于 0，表明投资者情绪是各股指期货合约高频收益率的显著正向影响因子，即投资者情绪的高涨（低落）将导致各股指期货合约高频收益率显著上升（下降）。同时，股指期货各合约模型（3 – 12）的 β_3 统计系数在 1% 显著性水平下都是显著为负的，表明股指期货合约高频收益率存在"杠杆效应"，即股指期货市场存在"负面消息"与"正面消息"对收益波动冲击的非对称性。这一非对称性表现为：利好消息对收益波动的影响要大于利空消息对收益波动的影响。这一最终结果与王美今和孙建军（2004）对中国股票市场"杠杆效应"的研究最终结果不同，表现了高频环境下股指期货市场与股票市场的不同之处。我们认为出现这一最终结果的原因在于所讨论的金融市场不同，中国股票市场散户投资者仍占了多数，散户投资者对利空消息的过度反应往往导致"负面消息"对股票市场波动的冲击比"正面消息"对股票市场波动的冲击大；而中国股指期货市场虽然建立时间不长，但由于对保证金等存在一定的准入门槛，所以中国股指期货市场投资者大多为机构投资者。$T+0$ 的交易机制使得机构投资者更偏好"正面消息"，因为当市场出现"正面消息"时，机构投资者更易获利。从而导致股指期货市场出现利好消息对收益波动的影响要大于利空消息对收益波动影响的"杠杆效应"。

2. 投资者情绪冲击日内效应

当前高频交易普及，使得以"分""秒""笔"等高频时间来存储金融交易信息的高频环境逐步建立。例如，刘向丽等（2008）利用高频数据分析了中国期货市场日内效应；龙瑞等（2011）也认为高频环境下的沪深 300 股指期货对数收益率存在日内效应：出现若干 U 形、L 形或 V 形变化过程。

鉴于此，本书假定投资者情绪对股指期货市场收益的冲击可能存在日内效应：投资者情绪在开盘及收盘时对股指期货市场各合约收益的冲击与其对盘中各时段的冲击程度不一致。为检验这一假设，以股指期货交易开始时间（9：15 分）开端，每间隔半个小时为一个时间段 K，把每日开盘时间划分为

9 个区间：时间为 9：15～9：45 时，$K=1$；时间为 9：45～10：15 时，$K=2$；时间为 10：15～10：45 时，$K=3$；时间为 10：45～11：15 时，$K=4$；时间为 11：15～11：30 及 13：00～13：15，$K=5$；时间为 13：15～13：45 时，$K=6$；时间为 13：45～14：15 时，$K=7$；时间为 14：15～14：45 时，$K=8$；时间为 14：45～15：15 时，$K=9$。进一步改进 GJR-GARCH（1，1）模型为：

$$
\begin{cases}
R_{i,t} = \alpha_{i,0} + \alpha_{i,5}Sent_t + \alpha_{i,1}D_1Sent_t + \alpha_{i,2}D_2Sent_t + \alpha_{i,3}D_3Sent_t + \alpha_{i,4}D_4Sent_t \\
\qquad + \alpha_{i,6}D_6Sent_t + \alpha_{i,7}D_7Sent_t + \alpha_{i,8}D_8Sent_t + \alpha_{i,9}D_9Sent_t + \varepsilon_{i,t} \\
h_{i,t} = \beta_{i,0} + \beta_{i,1}h_{i,t-1} + \beta_{i,2}\varepsilon_{t-1}^2 + \beta_{i,3}\varepsilon_{t-1}^2 \times I_{i,t-1} \\
\varepsilon_{i,t} \mid I_{i,t-1} \sim N(0, h_{i,t})
\end{cases}
$$

$$(3-13)$$

其中，D_K 为表示"日内效应"的虚拟变量：当 $t \in \{K=j\}$ 时，$D_j=1$，当 $t \notin \{K=j\}$ 时，$D_j=0$，这里 $j=1$，2，…，9 且 $j \neq 5$。即模型（3-13）考虑了投资者情绪对股指期货各合约收益冲击在不同时间的异同。统计系数 $\alpha_{i,5}$ 表示投资者情绪在基准时段对股指期货各合约冲击大小；统计系数 $\alpha_{i,j}$，$j=1$，2，…，9 且 $j \neq 5$，表示投资者情绪对股指期货各合约冲击在非基准时段与其在基准时段冲击的差异；$\alpha_{i,j}$ 显著大于 0，表示在 j 时段投资者情绪对股指期货 IFLi 合约收益的冲击大于基准时段投资者情绪对股指期货 IFLi 合约收益的冲击；$\alpha_{i,j}$ 显著小于 0，表示在 j 时段投资者情绪对股指期货 IFLi 合约收益的冲击小于基准时段投资者情绪对股指期货 IFLi 合约收益的冲击。表 3-13 报告了模型（3-13）的日内效应检验最终结果。

表 3-13　　　　　　　　投资者情绪冲击的日内效应检验

项目	代码 IFL0 合约		代码 IFL1 合约		代码 IFL2 合约		代码 IFL3 合约	
	估计值	t 统计量	估计值	t 统计量	估计值	t 统计量	估计值	t 统计量
$\alpha_{i,0}$	2.5E-4 ***	7.93	2.5E-4 ***	8.12	2.5E-4 ***	8.43	2.3E-4 ***	7.28
$\alpha_{i,1}$	0.0107 ***	4.54	0.0081 ***	4.32	0.0112 ***	6.01	0.0060 ***	2.83
$\alpha_{i,2}$	-0.0024	-0.92	-0.0021	-1.27	-0.0021	-1.19	-0.0041 **	-2.08
$\alpha_{i,3}$	-0.5E-4	-0.02	-1.9E-4	-0.11	0.0005	0.27	-0.0033	-1.59
$\alpha_{i,4}$	1.2E-4	0.04	-0.0026	-1.51	-9.8E-4	-0.57	-0.0022	-1.08
$\alpha_{i,5}$	0.0231 ***	11.32	0.0225 ***	19.02	0.0218 ***	17.81	0.0240 ***	16.42
$\alpha_{i,6}$	-0.0011	-0.43	-0.0037 **	-2.07	-0.0025	-1.44	-0.0043 **	-2.06

续表

项目	代码 IFL0 合约		代码 IFL1 合约		代码 IFL2 合约		代码 IFL3 合约	
	估计值	t 统计量	估计值	t 统计量	估计值	t 统计量	估计值	t 统计量
$\alpha_{i,7}$	0.0013	0.59	2.3E − 4	0.13	0.0014	0.82	− 0.0040 **	− 1.97
$\alpha_{i,8}$	0.0030	1.18	0.0027	1.49	0.0014	0.77	0.0021	0.99
$\alpha_{i,9}$	− 0.0083 ***	− 3.04	− 0.0052 ***	− 2.93	− 0.0058 ***	− 3.26	− 0.0086 ***	− 4.34
$\beta_{i,0}$	2.4E − 7 ***	2.82	1.3E − 7 ***	6.55	2.5E − 7 ***	5.15	1.2E − 7 ***	4.53
$\beta_{i,1}$	0.0926 ***	3.67	0.1060 ***	9.60	0.1363 ***	7.37	0.0745 ***	6.81
$\beta_{i,2}$	0.9099 ***	36.40	0.9307 ***	130.55	0.8823 ***	55.93	0.9384 ***	100.9
$\beta_{i,3}$	− 0.0655 ***	− 3.22	− 0.0917 ***	− 9.41	− 0.0871 ***	− 5.97	− 0.0532 ***	− 5.75
Adj. R^2	0.2404		0.2105		0.2146		0.2069	

注：* 、** 、*** 分别表示 10%、5%、1% 的水平下显著。

表 3 – 13 投资者情绪对股指期货各合约收益冲击的日内效应检验最终结果显示，整体而言，各 $\beta_{i,j}$ 统计系数及截距项统计系数 $\alpha_{i,0}$ 都在 1% 显著性水平下显著，表明模型（3 – 13）是考虑投资者情绪对各合约收益冲击的较好拟合。特别地，各合约对应模型的拟合调整 R^2 都达到 20% 以上，对比表 3 – 13 的拟合调整 R^2 最终结果有了显著的提高。特别是对代码 IFL1 合约的合约收益，考虑日内效应模型（3 – 13）的调整 R^2 达到 21.05%，是只考虑冲击总体效应模型（3 – 12）调整 R^2（10.44%）的两倍以上，表明在高频环境下投资者情绪对各合约收益冲击日内效应是不可忽视的因子。

$\alpha_{i,9}$ 在 1% 显著性水平下都显著小于 0，表明股指期货投资者情绪在收盘前半小时对股指期货各合约收益的冲击显著比在基准时间的冲击小。其他 α 统计系数，除了 $\alpha_{3,2}$，$\alpha_{3,6}$，$\alpha_{3,7}$ 及 $\alpha_{1,6}$ 在 5% 显著性水平下显著小于 0（表明在时段 2、6 和 7 时，投资者情绪对代码 IFL3 合约合约收益的冲击比其在基准时间的冲击小，在时段 6 时，投资者情绪对代码 IFL1 合约的合约收益的冲击比基准时间的冲击小）外，其他都不显著，表明投资者情绪对各合约的冲击在这些时段都与基准时间一致。

总之，模型（3 – 13）各 $\alpha_{i,j}(j \neq 0)$ 统计系数考察了投资者情绪对股指期货合约在不同时段的冲击。显著的 $\alpha_{i,j}(j \neq 0, 5)$ 与 $\alpha_{i,5}$ 之和体现了该冲击的绝对大小，不显著的 $\alpha_{i,j}(j\neq0,5)$ 表明在时段 j 投资者情绪对合约 IFLi 的冲击与其在标准时间的冲击大小一致。为清晰的观测不同时段投资者情绪冲击的大小，图 3-3 以表 3-13 统计的统计系数为依据，描绘了投资者情绪对股指期货各合约冲击在不同时段的大小。整体而言，投资者情绪对股指期货各合约的影响，表现出了明显的日内效应，具体体现为"ㄑ"形效应：开盘后半小时，冲击的程度最大；收盘前半小时，冲击的程度最小；其他时段的冲击居中。

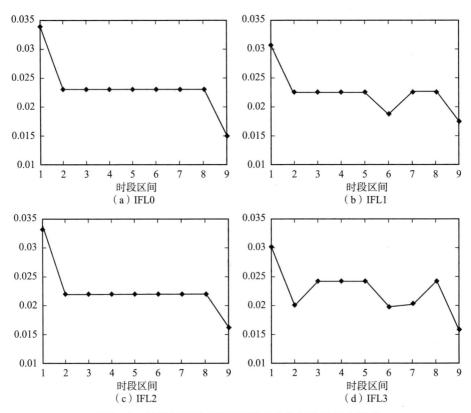

图 3-3 投资者情绪对股指期货各合约影响的日内效应

3.2.4 结论的稳健性检验

成交量作为典型的流动性指标也常被用作投资者情绪的代理变量。本书在稳健性检验中，采用成交量多空不均衡指标作为股指期货市场投资者情绪

的代理变量。以成交量多空不均衡指标作为投资者情绪代理变量，我们重复
了模型（3－12），得到了表 3－14 的稳健性最终结果。

表 3－14 投资者情绪冲击的总体效果稳健性检验

代码	α_0	α_1	β_0	β_1	β_2	β_3	R^2	Adj. R^2
IFL0	8.8E－5 *** （2.84）	0.0182 *** （43.74）	2.4E－8 *** （4.27）	0.0280 *** （10.37）	0.9818 *** （450.30）	－0.0242 *** （－9.03）	0.1954	0.1948
IFL1	4.4E－5 （1.31）	0.0111 *** （29.88）	3.7E－8 *** （3.65）	0.0281 *** （6.31）	0.9799 *** （325.37）	－0.0228 *** （－4.66）	0.1233	0.1226
IFL2	0.0001 *** （4.11）	0.0179 *** （39.83）	3.7E－7 *** （6.75）	0.1500 *** （7.54）·	0.8664 *** （56.05）	－0.1001 *** （－6.02）	0.1675	0.1669
IFL3	0.0001 *** （4.24）	0.0208 *** （40.80）	1.9E－7 *** （4.70）	0.0998 *** （6.78）	0.9100 *** （70.66）	－0.0598 *** （－5.00）	0.1861	0.1854

注：*、**、*** 分别表示 10%、5%、1% 的水平下显著；括号内表示 t 统计量。

表 3－14 显示成交量多空不均衡指标对各股指期货合约 IFLi 收益率的冲击统计系数 $\alpha_{i,1}$ 及模型的其他统计系数（除代码 IFL1 合约的截距项统计系数 $\alpha_{1,0}$ 外）都在 1% 显著性水平下显著大于 0，模型回归调整 R^2 都达到 10% 以上，表明本书投资者情绪冲击的总体效应结论是稳健的：投资者情绪是股指期货定价的重要系统性因子，且显著地正向影响股指期货收益（表 3－14 中各合约 IFLi 的 $\alpha_{i,1}$ 统计系数显著大于 0）。并且股指期货市场波动对"负面消息"与"正面消息"的冲击存在非对称性：利好消息对收益波动的影响要大于利空消息对收益波动的影响（表 3－14 中各合约 IFLi 的 $\beta_{i,3}$ 统计系数显著小于 0）。

进一步以成交量多空不均衡指标作为股指期货市场投资者情绪代理变量，重复模型（3－13）的投资者情绪冲击日内效应最终结果在表 3－15 给予报告。模型（3－13）收益均值方程拟合的各截距项统计系数 $\alpha_{i,0}$ 及方差方程拟合的各 $\beta_{i,j}$ 统计系数（限于篇幅表 3－15 中没有报告其具体数值）都在 1% 显著性水平下显著，并且模型的调整 R^2 都达到了 20% 以上（远高于表 3－15

中只考虑总体效果的调整 R^2 值）表明模型（3-13）是考虑投资者情绪对各合约收益冲击的较好拟合，在高频环境下投资者情绪对各合约收益冲击日内效应是不可忽视的。表3-15 中显著的 $\alpha_{i,j}(j\neq0, 5)$ 与 $\alpha_{i,5}$ 之和体现了该冲击的绝对大小，不显著的 $\alpha_{i,j}(j\neq0, 5)$ 表明在时段 j 投资者情绪对合约 $IFLi$ 的冲击与其在标准时间的冲击大小一致。

表3-15　　　　　　　投资者情绪冲击的日内效应稳健性检验

项目	代码 IFL0 合约		代码 IFL1 合约		代码 IFL2 合约		代码 IFL3 合约	
	估计值	t 统计量	估计值	t 统计量	估计值	t 统计量	估计值	t 统计量
α_0	1.7E-4 ***	5.92	1.8E-4 ***	6.16	1.8E-4 ***	6.12	1.6E-4 ***	5.00
α_1	0.0073 ***	3.63	0.0053 ***	2.84	0.0079 ***	4.33	0.0029	1.38
α_2	-0.0006	-0.32	0.0012	0.62	-0.0006	-0.33	-8.7E-4	-0.41
α_3	-0.0027	-1.40	-0.0018	-0.96	-3.7E-4	-0.21	-0.0049 **	-2.38
α_4	-0.0047 **	-2.49	-0.0070 ***	-3.99	-0.0045 ***	-2.66	-0.0074 ***	-3.82
α_5	0.0259 ***	18.70	0.0247 ***	19.26	-0.0240 ***	19.87	0.0258 ***	17.83
α_6	-0.0052 ***	-2.77	-0.0066 ***	-3.61	-0.0054 ***	-3.11	-0.0064 ***	-3.10
α_7	0.0013	0.65	6.7E-4	0.37	0.0016	0.91	-0.0030	-1.44
α_8	0.0030	1.48	0.0024	1.23	8.1E-4	0.43	6.8E-4	0.32
α_9	-0.0122 ***	-6.28	-0.0092 ***	-5.26	-0.0090 ***	-5.26	-0.0110 ***	-5.72）
β_0	3.3E-7 ***	5.32	1.3E-7 ***	6.84	2.9E-7 ***	5.89	1.6E-7 ***	4.37
β_1	0.1283 ***	6.92	0.1130 ***	10.30	0.1584 ***	7.56	0.0891 ***	6.43
β_2	0.8716 ***	48.76	0.9256 ***	133.01	0.8606 ***	50.21	0.9205 ***	73.97）
β_3	-0.0804 ***	-5.07	-0.9243 ***	-9.59	-0.0937 ***	-5.83	-0.0554 ***	-5.02
Adj. R^2	0.2463		0.2176		0.2164		0.2083	

注：*、**、***分别表示10%、5%、1%的水平下显著。

为清晰地观测不同时段投资者情绪冲击的大小，我们以表3-15 统计的统计系数为基准，描绘投资者情绪对股指期货各合约冲击在不同时段的大小如图 3 - 4 所示。显然，整体而言，投资者情绪对股指期货各合约表现出了明显的日内效应，具体体现为"レ"形效应。因此，本书结论是稳健的。

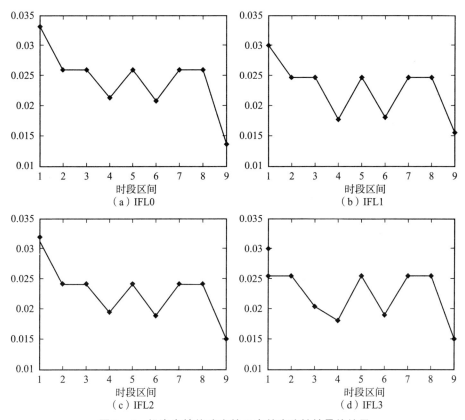

图 3 - 4　投资者情绪冲击的日内效应稳健性最终结果

本节在高频环境下通过对股指期货各合约成交量和增仓量按 8 种买卖性质划分，构建了股指期货市场投资者情绪的度量指标——多空买卖不均衡指标。并进一步通过 GJR-GARCH 模型实证分析了股指期货市场投资者情绪对股指期货各合约收益率的冲击，主要结论包括：

（1）总体效应方面，高频环境下股指期货市场投资者情绪是股指期货定价的重要系统性因子，投资者情绪显著地正向影响股指期货收益。同时，我们的研究表明股指期货市场波动对"负面消息"与"正面消息"的冲击存在非对称性：利好消息对收益波动的影响要大于利空消息对收益波动的影响。

（2）日内效应方面，高频环境下考虑日内效应的 GJR-GARCH 模型的拟合优度远好于只考虑总体效应的模型拟合优度，表明投资者情绪对股指期货各合约的冲击表现出明显的日内效应。该冲击的日内效应具体体现为"Ꝯ"形效应：开盘后半小时，投资者情绪对股指期货各合约收益的冲击程度最大；收盘前半小时，该冲击的程度最小；其他时段的冲击程度居中。

高频环境下的股指期货市场投资者情绪——多空不均衡指标，是股指期货定价的重要系统性因子，投资者情绪显著地正向影响股指期货各合约的收益，并且投资者情绪对股指期货合约收益的冲击存在显著的日内效应——"Ꝯ"形效应。而股指期货市场投资者情绪多空不均衡指标的构建显然与股票市场买卖不均衡指标的构建不同，从而表明投资者对不同的市场有着不同的投资者情绪。

3.3　本章小结

本章以股票市场单只股票及股指期货市场为例，分别构建了股票市场单只股票投资者情绪及股指期货市场投资者情绪指标，研究表明投资者对不同的风险资产、不同的市场有着不同的投资者情绪，并且投资者情绪对相关风险资产有着系统性影响。本章的主要结论包括：

1. 股票市场单只股票投资者情绪方面

基于高频数据，计算了单只股票的单只股票买卖不均衡 BSI 指标，并选取表征单只股票投资者情绪的源变量：单只股票交易金额增长率、单只股票买卖不均衡 BSI 指标及单只股票换手率指标，采用主成分分析方法构建了单只股票投资者情绪复合指标（CIISS）。进一步应用单位根检验、GARCH 及 EGARCH 建模对 CIISS 的特征进行分析。研究发现，单只股票投资者情绪时间序列是平稳的，但是单只股票投资者情绪不满足正态分布；单只股票投资者情绪存在着波动率聚集现象，并且单只股票投资者情绪对信息的存在有显著的非对称反应。随后，本章讨论了单只股票投资者情绪对单只股票收益的冲击。最终结果表明，单只股票投资者情绪与单只股票收益显著正相关；并且对股票规模截面效应的分析发现，单只股票投资者情绪对低市值股票的影响大于其对高市值股票的影响；对单只股票投资者情绪上涨、下跌状态研究显示，单只股票投资者情绪下跌对单只股票收益的冲击影响比单只股票投资者情绪上涨对单只股票收益的冲击更大，表明投资者对单只股票存在处置效应。最后，通过面板数据的分析检验了这一结论的稳健性。

2. 股指期货市场投资者情绪方面

在高频环境下，构建多空不均衡指标作为股指期货市场投资者情绪代理变量，并应用 GJR-GARCH 模型实证检验了投资者情绪对股指期货市场各合约收益冲击的总体效应及日内效应。主要实证最终结果显示：高频环境下股指期货市场投资者情绪是股指期货定价的重要系统性因子，投资者情绪显著地正向影响股指期货收益；并且投资者情绪对股指期货各合约的冲击表现出明显的日内效应，具体表现为"ㄴ"形效应：开盘后半小时，投资者情绪对股指期货各合约收益的冲击程度最大；收盘前半小时，该冲击的程度最小；其他时段冲击的程度居中。

股指期货市场投资者情绪的构建与股票市场投资者情绪的构建有着显著的不同，且股指期货市场投资者情绪是影响股指期货合约收益的重要因素，是股指期货市场投资决策的重要系统性因子。所以，当在不同金融市场进行投资决策时，需考虑不同市场投资者情绪的影响。

总之，本章构建了股票市场单只股票投资者情绪及股指期货市场投资者情绪指标，并实证了投资者情绪对风险资产将产生重要系统性影响。本章研究发现投资者对同一市场的不同风险资产或不同的市场有着不同的投资者情绪，且投资者情绪是影响风险资产收益的重要系统性因子。这表明在分析投资者情绪对风险资产的影响时，应当具体区分所讨论的金融市场以及投资者对每一风险资产的投资者情绪，如此方能更准确、深入刻画投资者情绪的影响。本章的结论将为本书后继章节以投资者对不同风险资产有着不同投资者情绪为切入点构建资产组合模型打下实证基础。

第 4 章

基于投资者情绪个人风险厌恶
指标的资产组合模型

投资者情绪在风险决策中起着非常重要的作用。有些学者通过实证研究表明投资者情绪是决定资产组合的重要因子（Burdekin & Redfern，2009，Morse & Shive，2011）。同时，本书第 3 章实证分析表明，在分析投资者情绪对风险资产的影响时，应当具体区分所讨论的金融市场及投资者对每一风险资产的投资者情绪，如此方能更准确、深入刻画投资者情绪的影响。因此，本章将投资者对不同风险资产的投资者情绪引入到资产组合的构建过程中，通过建立投资者情绪个人风险厌恶指标矩阵，分别讨论投资者情绪影响下，风险资产的资产组合及包含无风险资产的资产组合构建问题。最后，本章将通过模型分析，对本土偏好、"资金搬家"金融市场异象进行有效解释。

4.1 投资者情绪个人风险厌恶指标矩阵

标准金融资产组合理论假设个人风险厌恶指标为常数，是投资者对收益与风险的理性权衡。但是现实金融市场的各种异象分散风险不足（De Bondt，1998）、本土偏好（Coval & Moskowitz，1999）及金融实证（Thaler，2005）表明，投资者在进行最优风险资产组合的决策时，是受投资者情绪影响的，且对不同的风险资产有着不同的个人风险厌恶指标。本节主要通过构造投资者情绪个人风险厌恶指标矩阵，为下节构建投资者情绪风险资产组合模型奠定基础。

马科维茨（Markowitz）的收益 – 风险模型可表达为：

$$\begin{cases} \min_{w} & \frac{1}{2}w'\Sigma w \\ \text{s. t.} & w'\mu = E(R) \\ & w'I = 1 \end{cases} \qquad (4-1)$$

其中，$w = (w_1, \cdots, w_n)'$ 为风险资产的比重列向量，w_i 为风险资产 i 在组合中的比重；$\mu = (\mu_1, \cdots, \mu_n)'$ 为风险资产的期望收益列向量，μ_i 为风险资产 i 的期望收益；$\Sigma \in R^{n \times n}$ 为风险资产的协方差矩阵；$I = (1, \cdots, 1)'$，$E(R)$ 为组合的期望收益。

收益 – 风险模型（4 – 1）的经济意义是，在固定风险资产组合收益的情况下，风险最小化。而约束条件 $w'I = 1$ 的意义为把所有初始禀赋都用于投资该组合。

模型（4 – 1）的解为（Huang & Litzenberger，1988）：

$$w = \lambda_1 \Sigma^{-1}\mu + \lambda_2 \Sigma^{-1}I$$

其中，$\lambda_1 = \dfrac{C_1 E(R) - A_1}{D_1}$，$\lambda_2 = \dfrac{B_1 - A_1 E(R)}{D_1}$，$A_1 = I'\Sigma^{-1}\mu$，$B_1 = \mu'\Sigma^{-1}\mu$，$C_1 = I'\Sigma^{-1}I$，$D_1 = B_1 C_1 - A_1^2$。

每项风险资产组合的收益 $E(R)$ 对应的解就是风险资产组合有效边界曲线上的一个点，也就是说对应不同的 $E(R)$，最小化的组合风险就表现了投资者的风险厌恶程度。为了更清晰地说明收益 – 风险模型表现的投资者风险厌恶程度，有学者把马科维茨（Markowitz）的收益 – 风险模型改写为如下形式（Sanjiv et al.，2010）：

$$\begin{cases} \max_{w} & w'\mu - \dfrac{\gamma}{2}w'\Sigma w \\ \text{s. t.} & w'I = 1 \end{cases} \qquad (4-2)$$

其中，γ 为投资者理性情况下的个人风险厌恶指标，表示投资者在收益 – 风险平面上对风险、收益的权衡。

求得该问题的解为：

$$w = \frac{1}{\gamma}\Sigma^{-1}\left[\mu - \left(\frac{I'\Sigma^{-1}\mu - \gamma}{I'\Sigma^{-1}I}\right)I\right] \qquad (4-3)$$

注意到无论是马科维茨（Markowitz）的收益－风险模型，还是带理性个人风险厌恶指标的收益－风险模型，都假设投资者的个人风险厌恶指标是常数。即投资者在进行风险资产的优化抉择时，对各风险资产的风险厌恶程度相同，有着相同的个人风险厌恶指标。

然而，现实金融市场的情况往往与之大不相同。现实金融市场中，投资者通常没有做到学者们所说的分散投资行为，而只持有少数的几只股票（De Bondt，1998；Barber & Odean，2001）。而且现实金融市场上投资者往往具有本土偏好：投资者常抉择那些地域或文化上与其接近的、熟悉的股票（Coval & Moskowitz，1999；Grinblatt & Keloharju，2001），表明投资者对本国、本地公司的股票有着较小的风险厌恶。

有学者在其有关异质性风险厌恶的调查研究中指出，一般人群中相对风险厌恶的程度存在很大的差别（Barsky et al.，1997）。而有学者认为投资者的个人风险厌恶指标与投资者之前的投资业绩有关（Thaler，2005）：当投资获益时，投资者的个人风险厌恶指标会降低；而当投资风险资产生损失时，投资者的个人风险厌恶指标将会增加。但是之前对个人风险厌恶指标的讨论仅仅集中在某一个影响个人风险厌恶指标的特殊因子上，不能全面的解释投资者个人风险厌恶指标变化原因。另有学者认为从投资者情绪的角度对个人风险厌恶指标进行探讨时（Yu & Yuan，2011），指出当投资者情绪衰落时，个人风险厌恶指标为正；当投资者情绪高昂时，个人风险厌恶指标趋于零。也就是说，投资者的个人风险厌恶指标与其投资者情绪有关，当投资者情绪高昂的时候，投资者对额外风险要求的补偿较少，个人风险厌恶指标较小，甚至趋向于零；当投资者情绪衰落的时候，投资者对额外风险要求的补偿较高，个人风险厌恶指标较大。

综上所述，投资者情绪对个人风险厌恶指标有着重要的影响，且投资者对不同的风险资产往往具有不同的投资者情绪及风险厌恶程度。因此，需要构建投资者情绪个人风险厌恶指标矩阵来具体研究投资者情绪对风险资产组合的研究。

有学者提出了量化投资者情绪的主成分分析方法（Baker & Wurger，2006），下称 B-W 方法，通过选取多个投资者情绪代理指标（IPO 发行量、封闭式基金折价率、换手率指标等）构建了市场投资者情绪。其构建的投资者市场投资者情绪取值范围为（－2，6），当投资者情绪为零时，投资者是理性的；当投资者情绪大于零时，表示乐观态度；当投资者情绪小于零时，表示悲观态度。易志高和茅宁（2009）也用 B-W 方法构建了中国的投资者市场投资者情绪。但是这些学者都没有考虑投资者对单只股票（单项风险资产）的投资者情绪。事实上，投资者对不同的风险资产通常表现出不同的投资者情绪。通过选取单只股票投资者情绪指标（如单只股票买卖不均衡 BSI 指标、换手率指标、交易金融增长率等），依据 B-W 方法即可构建各风险资产（股票）的投资者情绪。进而为在风险资产组合的抉择理论中引入单项风险资产的投资者情绪，对风险资产抉择的各种异象进行统一的理论解释提供了可能。

下面将投资者情绪嵌入个人风险厌恶指标中，构建出投资者情绪个人风险厌恶指标矩阵。为方便，记 s_i 为投资者对风险资产 i 的投资者情绪。当 $s_i = 0$ 时，表示投资者理性；当 $s_i > 0$ 时，表示投资者乐观态度；当 $s_i < 0$ 时，表示投资者悲观态度。记 γ 为投资者理性时的个人风险厌恶指标，则投资者对风险资产 i 的投资者情绪个人风险厌恶指标为 $\gamma_i = \gamma \times f(s_i)$。其中 $f(s_i)$ 为投资者情绪 s_i 的函数，称之为投资者情绪影响函数；按照于剑锋和袁宇（Yu & Yuan, 2011）的研究最终结果，$f(s_i) > 0$，且 $f(s_i)$ 为单调减函数，投资者情绪 s_i 越大，$f(s_i)$ 越趋近于零；而当投资者为理性时，$s_i = 0$，$f(0) = 1$，投资者情绪个人风险厌恶指标退化为理性个人风险厌恶指标，即 $\gamma_i = \gamma$。

所以，构建 n 项风险资产的投资者情绪个人风险厌恶指标矩阵 γ_s 为：

$$\gamma_s = \begin{pmatrix} \gamma_1 & 0 & \cdots & 0 \\ 0 & \gamma_2 & \cdots & 0 \\ \vdots & & & \vdots \\ 0 & 0 & \cdots & \gamma_n \end{pmatrix}_{n \times n} = \begin{pmatrix} \gamma \times f(s_1) & 0 & \cdots & 0 \\ 0 & \gamma \times f(s_2) & \cdots & 0 \\ \vdots & & & \vdots \\ 0 & 0 & \cdots & \gamma \times f(s_n) \end{pmatrix}_{n \times n} = \gamma \times F$$

$$(4-4)$$

其中，F 为投资者情绪影响矩阵：

$$F = \begin{pmatrix} f(s_1) & 0 & \cdots & 0 \\ 0 & f(s_2) & \cdots & 0 \\ \vdots & & & \vdots \\ 0 & 0 & \cdots & f(s_n) \end{pmatrix}_{n \times n}$$

为具体模拟投资者情绪的作用，本书假设满足以上约束条件的投资者情绪影响函数 $f(s_i)$ 的具体形式为负指标函数：$f(s_i) = e^{-\alpha s_i}$。其中 $\alpha > 0$ 表示投资者情绪对个人风险厌恶指标的影响程度，称之为投资者情绪影响统计系数。

4.2　风险资产的资产组合构建

首先，本节将在桑贾夫等（Sanjiv et al. ，2010）的收益 - 风险模型中嵌入投资者情绪个人风险厌恶指标矩阵，研究投资者情绪对风险资产组合风险的影响，构建投资者情绪风险资产组合模型，并对该模型进行求解。其次，对投资者情绪风险资产组合模型进行数值算例，具体研究投资者情绪对风险资产组合的影响。

4.2.1　理论模型构建与求解

1. 理论模型构建

风险资产组合模型（4 - 2）式中，$\gamma w' \Sigma w = w' \gamma \Sigma w$ 为组合方差在个人风险厌恶指标 γ 影响下的数值。矩阵 $\gamma \Sigma$ 的每个矩阵元素分别表示每项风险资产收益的方差及各协方差受个人风险厌恶指标 γ 影响后，扩大或缩小 γ 倍。然而，正如上节所分析，个人风险厌恶指标受投资者情绪的影响，而投资者对不同风险资产有着不同投资者情绪，所以导致投资者对不同的风险资产有不同的个人风险厌恶指标。因此，构造对称矩阵 $\sqrt{\gamma_s} \Sigma \sqrt{\gamma_s}$：

$$\sqrt{\gamma_s}\Sigma\sqrt{\gamma_s} = \gamma \begin{pmatrix} f_1\sigma_1^2 & \sqrt{f_1f_2}\sigma_{12} & \sqrt{f_1f_3}\sigma_{13} & \cdots & \sqrt{f_1f_n}\sigma_{1n} \\ \sqrt{f_2f_1}\sigma_{21} & f_2\sigma_2^2 & \sqrt{f_2f_3}\sigma_{23} & \cdots & \\ \vdots & & & & \vdots \\ \sqrt{f_nf_1}\sigma_{n1} & \sqrt{f_nf_2}\sigma_{n2} & \sqrt{f_nf_3}\sigma_{n3} & \cdots & f_n\sigma_n^2 \end{pmatrix}$$

$$= \gamma \sqrt{F} \Sigma \sqrt{F}$$

其经济意义为：风险资产 i 的方差在投资者情绪个人风险厌恶指标 γ_i 影响下扩大或缩小 γ_i 倍，风险资产 i 与风险资产 j 的协方差受投资者情绪个人风险

厌恶指标 γ_i 和 γ_j 影响后扩大或缩小 $\sqrt{\gamma_i \times \gamma_j}$ 倍。即投资者受投资者情绪的影响,其对风险资产 i 与风险资产 j 协方差的认知偏差为其对风险资产 i 方差与风险资产 j 方差认知偏差的几何平均。

所以,在桑贾夫等(Sanjiv et al.,2010)的风险资产组合模型(4-2)基础上,考虑到投资者对不同风险资产有不同的投资者情绪,从而有不同的个人风险厌恶指标。则投资者在风险资产的投资者情绪个人风险厌恶指标矩阵作用下取效用 $w'\mu - \frac{1}{2}\gamma w'\sqrt{F}\Sigma\sqrt{F}w$ 最大化,并且要求把所有初始禀赋用于投资,即 $w'I = 1$。所以,构建基于投资者情绪个人风险厌恶指标的资产组合模型为:

$$\begin{cases} \max\limits_{w} & w'\mu - \frac{1}{2}\gamma w'\sqrt{F}\Sigma\sqrt{F}w \\ \text{s. t.} & w'I = 1 \end{cases} \qquad (4-5)$$

其中,$w'\mu$ 为投资者对风险资产组合的期望收益,对应传统客观风险 σ^2——组合收益的方差 $w'\Sigma w$(或标准差 $\sigma = \sqrt{w'\Sigma w}$),$w'\sqrt{F}\Sigma\sqrt{F}w$ 为投资者情绪影响下对组合风险的判断,称之为主观认知风险,记为 σ_s^2(或用标准差表示该风险 $\sigma_s = \sqrt{w'\sqrt{F}\Sigma\sqrt{F}w}$)。并且有:

$$\frac{\mathrm{d}\sigma_s^2}{\mathrm{d}s_i} = \frac{w_i}{f(s_i)} \times \big[w_1 \sqrt{f(s_1)f(s_i)}\sigma_{1i} + w_2 \sqrt{f(s_2)f(s_i)}\sigma_{2i} + \cdots$$
$$+ w_n \sqrt{f(s_n)f(s_i)}\sigma_{ni} \big] \frac{\mathrm{d}f(s_i)}{\mathrm{d}s_i}$$

因为投资者情绪影响函数 $f(s_i) > 0$,是投资者情绪 s_i 的单调减函数,所以由上式知:

$$\frac{\mathrm{d}\sigma_s^2}{\mathrm{d}s_i} < 0$$

即当投资者对其他风险资产的投资者情绪不变时,其对组合的风险识别与判断是其对风险资产 i 投资者情绪的单调减函数,随着投资者情绪的高涨,组合的主观认知风险将减小,反之亦然。

特别的,当投资者为理性时,即 $s_i = 0$,则 $\gamma_i = \gamma$,由此计算得:

$$\sigma_s^2 = w'\sqrt{F}\Sigma\sqrt{F}w = w'\Sigma w = \sigma^2$$

即当投资者理性时,资产组合的主观认知风险将等于组合的方差。

2. 模型求解

下面用拉格朗日乘数法对投资者情绪风险资产组合模型（4-5）进行求解，对模型（4-5）用拉格朗日乘数法构建拉格朗日函数：

$$L = w'\mu - \frac{1}{2}\gamma w'\sqrt{F}\Sigma\sqrt{F}w - \lambda\ (w'I - 1)$$

其中，λ 为拉格朗日乘数。由于 $\sqrt{F}\Sigma\sqrt{F}$ 为对称矩阵，按矩阵论方法，取 L 的一阶条件得：

$$\frac{\partial L}{\partial w} = \mu - \gamma\sqrt{F}\Sigma\sqrt{F}w - \lambda I = 0 \qquad (4-6)$$

$$\frac{\partial L}{\partial \lambda} = w'I - 1 = 0 \qquad (4-7)$$

由式（4-6）解得：

$$w = (\gamma\sqrt{F}\Sigma\sqrt{F})^{-1}(\mu - \lambda I) \qquad (4-8)$$

下面我们再求解 λ，式（4-8）两边左乘 I'，由式（4-7）知：

$$1 = I'(\gamma\sqrt{F}\Sigma\sqrt{F})^{-1}(\mu - \lambda I)$$

由此解得：

$$\lambda = \frac{I'(\sqrt{F}\Sigma\sqrt{F})^{-1}\mu - \gamma}{I'(\sqrt{F}\Sigma\sqrt{F})^{-1}I} \qquad (4-9)$$

把式（4-9）代入式（4-8）即得问题模型（4-5）的解，即：

$$w = (\gamma\sqrt{F}\Sigma\sqrt{F})^{-1}\left[\mu - \left(\frac{I'(\sqrt{F}\Sigma\sqrt{F})^{-1}\mu - \gamma}{I'(\sqrt{F}\Sigma\sqrt{F})^{-1}I}\right)I\right] \qquad (4-10)$$

最优解式（4-10）中，F 是与投资者情绪相关的矩阵，所以基于投资者情绪的风险资产的资产组合模型（4-5）的最优解是与投资者情绪密切相关的。为了更详细直观地描述投资者情绪对风险资产最优组合的影响，我们给出一个具体数值算例。

4.2.2 具体数值算例

为便于比较讨论，我们的部分参变量取值与桑贾夫等（Sanjiv et al.，2010）的参变量相同。假设有三项风险资产，各风险资产的期望收益及协方差矩阵分别为：

$$\mu = \begin{pmatrix} 0.05 \\ 0.10 \\ 0.25 \end{pmatrix}, \quad \Sigma = \begin{pmatrix} 0.0025 & 0.0000 & 0.0000 \\ 0.0000 & 0.0400 & 0.0200 \\ 0.0000 & 0.0200 & 0.2500 \end{pmatrix}$$

理性投资者的个人风险厌恶指标为 $\gamma = 2.7063$。由于贝克和伍格勒（Baker & Wurger，2006）构造的投资者情绪取值范围为（-2，6），所以这里我们分别考虑投资者对各风险资产投资者情绪的如下四种情况：$sent_1 = (0,$ 0，0$)'$ 表示投资者对三项风险资产都是理性的；$sent_2 = (1，1，1)'$ 表示投资者对三项风险资产都持有相同正的投资者情绪；$sent_3 = (1，1，-1)'$ 表示投资者对风险资产 1、风险资产 2 有着较高的投资者情绪，而对风险资产 3 的投资者情绪衰落为 -1；$sent_4 = (-1，-1，-1)'$ 表示投资者对三项风险资产的投资者情绪都悲观态为 -1。假设投资者对风险资产 i 的投资者情绪个人风险厌恶指标 $\gamma_i = \gamma \times f(s_i) = \gamma \times e^{-\alpha s_i}$，其中，投资者情绪影响统计系数 $\alpha = 0.4$。根据式（4-4）可以计算出这四种情况下的投资者情绪个人风险厌恶指标矩阵分别为：

$$\gamma_{s1} = 2.7063 \times \begin{pmatrix} e^0 & 0 & 0 \\ 0 & e^0 & 0 \\ 0 & 0 & e^0 \end{pmatrix} \quad \gamma_{s2} = 2.7063 \times \begin{pmatrix} e^{-0.4} & 0 & 0 \\ 0 & e^{-0.4} & 0 \\ 0 & 0 & e^{-0.4} \end{pmatrix}$$

$$\gamma_{s3} = 2.7063 \times \begin{pmatrix} e^{-0.4} & 0 & 0 \\ 0 & e^{-0.4} & 0 \\ 0 & 0 & e^{0.4} \end{pmatrix} \quad \gamma_{s4} = 2.7063 \times \begin{pmatrix} e^{0.4} & 0 & 0 \\ 0 & e^{0.4} & 0 \\ 0 & 0 & e^{0.4} \end{pmatrix}$$

把上述各变量代入式（4-10），即可计算出上述四种情况下风险资产抉择的最优比重，详细最终结果见表4-1。

表 4-1   **不同投资者情绪状态下的最优风险资产抉择**

投资者情绪风险厌恶	投资者情绪			
	$sent_1 =$ $(0，0，0)'$	$sent_2 =$ $(1，1，1)'$	$sent_3 =$ $(1，1，-1)'$	$sent_4 =$ $(-1，-1，-1)'$
统计系数矩阵	γ_{s1}	γ_{s2}	γ_{s3}	γ_{s4}

续表

投资者情绪 风险厌恶		投资者情绪			
		$sent_1 =$ $(0, 0, 0)'$	$sent_2 =$ $(1, 1, 1)'$	$sent_3 =$ $(1, 1, -1)'$	$sent_4 =$ $(-1, -1, -1)'$
风险资产比重	风险资产1	0.3787	0.1033	0.2524	0.5634
	风险资产2	0.3499	0.4943	0.5794	0.2531
	风险资产3	0.2714	0.4025	0.1682	0.1835
	比重加总	1	1	1	1
	组合期望收益	12.18%	15.52%	11.26%	9.94%
	组合标准差	16.57%	24.14%	15.67%	11.68%
	主观认知风险	16.57%	19.76%	15.35%	14.26%

从表4-1最终结果可知，当投资者情绪为$sent_1$，即当投资者不受投资者情绪影响时，我们的模型计算最终结果与把理性个人风险厌恶指标 $\gamma = 2.7063$ 代入桑贾夫等（Sanjiv et al.，2010）的收益-风险模型最优解模型（4-3）的最终结果相同。与理性的情况相比较，当投资者对所有风险资产的投资者情绪都高涨时，其最优组合的期望收益与风险均增加，但此时主观认知风险将明显比理性风险小。例如，$sent_2$ 的情况，此时投资者由于受到高涨投资者情绪的影响将有较低的个人风险厌恶指标，所以投资者的主观认知风险 19.76% 比理性时的标准差 24.14% 小。通过进一步比较，可以发现当投资者对风险资产 i 的投资者情绪高昂时，风险资产 i 占组合的比重将增加；反之亦然。例如，$sent_2$ 与 $sent_3$ 比较，投资者对风险资产3的投资者情绪由1下跌到 -1，则风险资产3的比重由 0.4025 下降到 0.1682。

最后分析数值算例中结论（当投资者对风险资产 i 的投资者情绪高昂时，风险资产 i 占组合的比重将增加，反之亦然）的稳健。考虑到投资者情绪影响统计系数 α，表示 α 的投资者情绪对个人风险厌恶指标影响的强烈程度，将对最优资产组合的构建产生重要影响。在此，分别取 $\alpha = 0.4$、$\alpha = 1$，其他参变量同表4-1所取，考察当投资者对风险资产2、风险资产3投资者情绪不变（这里取零），投资者关于风险资产1的投资者情绪变化对风险资产1在最优组合中比重的影响如图4-1所示。

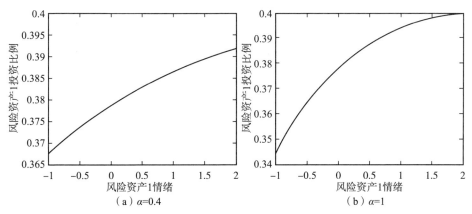

图 4 - 1 最优组合中风险资产投资比例随投资者情绪变化

图 4 - 1 中，对比 $\alpha = 0.4$、$\alpha = 1$ 的图像知，投资者情绪影响统计系数越大，投资者情绪对个人风险厌恶指标的影响越剧烈，从而对组合中的比重影响越剧烈。但无论投资者情绪影响统计系数 α 大小如何，当投资者对其他风险资产（风险资产 2、风险资产 3）投资者情绪不变时，风险资产 1 的投资比例随着投资者对风险资产 1 投资者情绪增加而增大。因此，本书结论（最优组合中风险资产 i 的投资比例关于投资者对风险资产 i 的投资者情绪是单调增加的）是稳健的。

4.2.3 本土偏好异象的解释

本土偏好（home bias 或 local bias）是行为金融学研究中人们发现的一种重要的投资者异常行为现象，即不同于标准金融资产组合理论，机构或个人投资者更愿意投资于本国股票市场、熟悉的或就职的公司、离自己住地近的公司等。本土偏好主要表现在两个方面：

第一，在全球金融市场中的投资行为表现。以往的研究表明，投资者将绝大部分资金投资于自己所居住国家的资本市场中：一些文献（Levy & Sarnat，1970；Solnik，1974；Lessard，1976；等等）在 20 世纪 70 年代就注意到，本国投资者所持有的国外风险资产仅占其资产组合的很小一部分，远小于标准金融资产组合理论最优化最终结果。有研究对美国、日本、英国三个全球主要金融市场的调查表明，投资者对本国证券的投资比例分别为 94%、

98%、82%，这一比例远高于标准金融理性假设所能解释的范围（French & Poterba，1991）；也有文献研究发现法国、意大利、日本、西班牙、瑞典、英国、美国以及德国等国家的投资者分别把 64.4%、91.0%、86.7%、94.2%、100%、78.5%、98.0% 和 75.4% 的资金投资于本国股票市场（Cooper & Kaplanis，1994），而这些国家股票市场的份额占全球市场的比例分别为 2.6%、1.9%、43.7%、1.1%、0.8%、10.3%、36.4% 和 3.2%。这说明，无论本国股票市场的份额占全球市场份额的多少，绝大多数投资者仍然偏好于投资本国市场。有文献研究也发现 1996 年只有 10% 的美国投资者持有国外证券风险资产，这一比例远小于标准理论模型的预期（Tesar & Werner，1998）；另外通过美林公司对基金经理的月度调查数据发现，本国的基金更偏好于投资本国市场（Strong & Xu，2003）；一些研究都显示基金往往过度投资国内股票（Chan et al.，2005；Brennan et al.，2005）；有些学者分别证实了瑞典、德国的投资者也都存在本土偏好现象（Karlsson & Norden，2007；Oehler et al.，2008）。

第二，在投资者所居住的国家中的投资行为表现。以往的研究表明，投资者将更偏向于投资自己熟悉的或就职的公司、离自己住地近的公司：有研究显示，美国的机构投资者表现出将资金投资于公司总部在其基金公司附近的公司的强烈倾向（Coval & Moskowitz，1999）；有学者对 170 个退休储蓄计划的研究表明，如果计划允许投资者将资金投资于自己任职的公司，那么自己公司的股票是员工们的第一抉择（Benartzi & Thaler，2001）；有学者发现，在退休人员中的退休计划中，大约 1/3 的资金是投资在退休人员曾经工作过的公司中（Benartzi，2001）；有学者使用瑞典投资者的面板数据分析显示，投资者会把大量资本都投资于本地的公司，并且在研究期间的最终结果具有持续性（Mavruk，2008）。

对本土偏好的解释主要有：第一，制度因子。国际投资壁垒、国家间的界限导致国外风险资产风险增加及市场不完全（Hnatkovska，2010）等制度方面的解释。第二，信息幻觉（如：Coval & Moskowitz，2001）。研究发现具有强烈本土偏好的投资者可能拥有信息优势。第三，熟悉性与控制力幻觉（如：Huberman，2001；Benartzi et al.，2001；Zhu，2009）。研究认为投资者购买本国、本地及本公司的股票是因为对这些公司更熟悉。第四，过度乐观态度与一厢情愿思维（如：Kilka & Weber，1997；Strong & Xu，2002）。研究发现投资者往往对本国、本地的股票更乐观态度；杨春鹏（2008）认为人们常常对和自己有关的事情持有过度自信、过度乐观态度的态度；"一厢情愿思维"又强化了人们的过度乐观态度心理，这就可能导致投资者的本土偏好。第五，口碑传播效应（如：Ivkovic & Weisbenner，2007）。研究发现，个人投资者在一个行业的股票投资增加 2%，其邻居在这个行业的股票投资就会增加 10%，具有较大的本地股票投资效应；布朗等（Brown et al.，2008）研究表明个人决定是否拥有股票和个人群体的平均股市参与之间有着一个因果关系，且在更友好的群体中这一最终结果更强，进一步确立了口碑传播引起了这个因果效应。另外，行为金融框架下狭义构架（Framing & Magi，2009）对资产组合会产生影响，但其能否全面解释本国偏好之谜，仍受到一定的质疑。

事实上，当前对本土偏好的解释除了制度方面的解释外，其他的行为金融解释都可以归纳为投资者情绪的影响：信息幻觉、熟悉性与控制力幻觉、过度乐观态度与一厢情愿思维及口碑传播效应都将导致投资者对本国、本地的公司产生较高的投资者情绪。而较高的投资者情绪将导致其对该风险资产（公司股票）产生较小的个人风险厌恶指标，从而导致投资者持有更多这些公司的股票。如表 4-1 所示，初始时投资者对各风险资产的投资者情绪分别为 $sent_3 = (1，1，-1)'$，现在由于投资者对风险资产 3 有本土偏好，其投资者情绪上升为 1，即 $sent_2 = (1，1，1)'$。观察表 4-1 可以发现其对风险资产 3 的投资比重从 0.1682 急剧提高到了 0.4025。所以，投资者情绪最优风险资产组合模型能够对本土偏好异象给出有效解释。

4.2.4 有效边界曲线

传统马科维茨（Markowitz）收益-风险组合理论中，满足约束条件的资产组合比重的集合称为资产组合比重空间的可行域，而可行域边界的上半部分即为组合的有效边界曲线。在传统马科维茨收益-风险模型中，风险资产组合的有效边界曲线是标准差（理性风险）与期望收益平面内的一条双曲线。

类似的，投资者情绪风险资产组合模型（4-5）中，考虑在主观认知风险与期望收益平面上满足模型（4-5）约束条件的资产组合比重的集合，也可以计算出投资者情绪影响下的风险资产组合模型的有效边界曲线。为此，记：$E(R)$ 为组合的期望收益，σ_s^2 为组合的主观认知风险，$\Sigma_s = \sqrt{\gamma_s}\Sigma\sqrt{\gamma_s}$，$I'\Sigma_s^{-1}I = A$，$I'\Sigma_s^{-1}\mu = B$，$\mu'\Sigma_s^{-1}\mu = C$。由于 Σ_s 为对称矩阵，代入式（4 – 10），可知：

$$w = \Sigma_s^{-1}\mu - \frac{B-\gamma}{A}\Sigma_s^{-1}I$$

$$E(R) = \mu'w = \frac{C}{\gamma} - \frac{B-\gamma}{A} \times \frac{B}{\gamma}$$

所以：

$$\gamma = \frac{AC - B^2}{AE(R) - B} \qquad\qquad (4-11)$$

组合的主观认知风险 σ_s^2 有：

$$\sigma_s^2 = \frac{w'\Sigma_s w}{\gamma} = \frac{1}{\gamma}\left[w'\Sigma_s\left(\Sigma_s^{-1}\mu - \frac{B-\gamma}{A}\Sigma_s^{-1}I\right)\right] = \frac{1}{\gamma}\left[E(R) - \frac{B-\gamma}{A}\right]$$

把式（4 – 11）代入上式，记 $\Delta = AC - B^2$，化简知模型（4 – 5）有效边界曲线在主观认知风险与期望收益平面上为双曲线（双曲线上半部分的实线部分）。

$$\frac{\sigma_s^2}{\frac{1}{A}} - \frac{\left[E(R) - \frac{B}{A}\right]^2}{\frac{\Delta}{A^2}} = 1$$

上式在主观认知风险、期望收益平面上即为双曲线的标准方程，其中心为 $(0, B/A)$，对称轴为：$\sigma_s = 0$，$\mu = B/A$，投资者情绪影响下风险资产组合模型的有效边界曲线即为该双曲线在第一象限的上半段。由于 A，B，C，D，Δ 都与投资者情绪有关，所以投资者情绪风险资产组合模型有效边界曲线与投资者情绪密切相关，有效边界曲线的最小认知风险组合的主观认知风险为：$\sqrt{1/A}$。

仍按表 4 – 1 中参变量取值，如图 4 – 2 所示，数值算例最终结果表明，不同的投资者情绪作用下有效边界曲线将有所不同。投资者在主观认知风险与期望收益平面上的组合有效边界曲线是随着投资者情绪剧烈变化的，当投资者情绪高昂时，组合的可行域明显放大：如 $sent_2 = (1, 1, 1)'$ 时，投资者对每项风险资产的投资者情绪都是四类投资者情绪中的最大值，在图 4 – 2

中，$sent_2$ 的组合可行域也最大。另外，$sent_1 = (0, 0, 0)'$ 为理性的情况，对比其他两种投资者情绪状态：$sent_2 = (1, 1, 1)'$、$sent_4 = (-1, -1, -1)'$，易知在主观认知风险与期望收益平面内，有效边界曲线将随着投资者情绪的高涨或低落而扩张或收缩。$sent_3 = (1, 1, -1)'$ 状态时，投资者对风险资产 1、风险资产 2 的投资者情绪比 $sent_1$ 状态时高，而对风险资产 3 的投资者情绪比 $sent_1$ 状态低；此时 $sent_3$ 状态的有效边界曲线与 $sent_1$ 状态时的有效边界曲线相互交错。

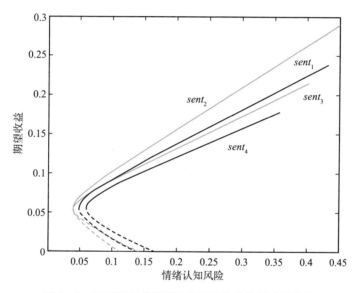

图 4 - 2　不同投资者情绪下的风险资产有效边界曲线

由图 4 - 2 可见，当对组合取定投资者的主观认知风险时，投资者情绪越高涨，组合的期望收益将越高。同样的，当取定投资者的期望收益时，投资者情绪越高涨，组合的主观认知风险越小。即有乐观态度投资者情绪的投资者将有较高的评估收益或较低的评估风险，而有悲观态度投资者情绪的投资者将有较低的评估收益或较高的评估风险。

一些心理及行为学实验研究最终结果表明：有乐观态度投资者情绪的人将会较高地评估正面事件，做出乐观态度的判断和抉择；而有悲观态度投资者情绪的人将会较低地评估负面事件，更倾向于做出悲观态度的判断和抉择

（如：Arkes et al. ，1988；Wright & Bower，1992）。与之比较，可以看出本书的投资者情绪风险资产组合模型研究最终结果与心理及行为学的研究最终结果相一致。

4.3 包含无风险资产的资产组合构建

上节通过分析投资者对不同风险资产的投资者情绪，建立投资者情绪个人风险厌恶指标矩阵，并构建了基于投资者情绪的风险资产的资产组合模型。事实上，无风险资产在投资者的投资抉择中有着重要的作用，本节将进一步分析当候选风险资产中包含有无风险资产时的资产组合构建问题。

4.3.1 理论模型构建与求解

当投资者构建资产组合时的候选风险资产中既有风险资产也包括有无风险资产时，由于无风险资产有着固定的收益而没有风险性，所以对这一确定性无风险资产，投资者不需进行复杂的评估，从而投资者情绪不会对无风险资产产生影响。另外由于无风险资产对资产组合的风险不产生影响，所以投资者情绪影响下的组合的认知风险 σ_s^2 为：

$$\sigma_s^2 = w' \sqrt{F} \Sigma \sqrt{F} w \qquad (4-12)$$

同时，投资者情绪影响下的资产组合的期望收益 $E(R)$ 为：

$$E(R) = w_f R_f + w' \mu \qquad (4-13)$$

因此，考虑主观认知风险，构造包含无风险资产的投资者情绪资产组合模型为：

$$\begin{cases} \max\limits_{w, w_f} & (w_f R_f + w' \mu) - \frac{1}{2} w' \sqrt{\gamma_s} \Sigma \sqrt{\gamma_s} w \\ \text{s. t.} & w_f + w' I = 1 \end{cases} \qquad (4-14)$$

该模型的现实意义为：将所有资金投资于无风险资产及风险资产的组合，同时要求最大化效用 $(w_f R_f + w' \mu) - \frac{1}{2} w' \sqrt{\gamma_s} \Sigma \sqrt{\gamma_s} w$。

下面应用矩阵论的拉格朗日乘数法求解模型（4-14），令：

$$L = (w_f R_f + w'\mu) - \frac{1}{2}w'\sqrt{\gamma_s}\Sigma\sqrt{\gamma_s}w - \lambda(w_f + w'I - 1)$$

则取 L 的一阶条件得：

$$\frac{\partial L}{\partial \lambda} = w_f + w'I - 1 = 0 \Rightarrow w'I = 1 - w_f \qquad (4-15)$$

$$\frac{\partial L}{\partial w_f} = R_f - \lambda = 0 \Rightarrow \lambda = R_f \qquad (4-16)$$

$$\frac{\partial L}{\partial w} = \mu - \sqrt{\gamma_s}\Sigma\sqrt{\gamma_s}w - \lambda I = 0 \Rightarrow w = (\sqrt{\gamma_s}\Sigma\sqrt{\gamma_s})^{-1}(\mu - \lambda I) \quad (4-17)$$

把式（4-16）代入式（4-17）即得：

$$w = (\sqrt{\gamma_s}\Sigma\sqrt{\gamma_s})^{-1}(\mu - R_f I) \qquad (4-18)$$

所以由式（4-15）知：

$$w_f = 1 - w'I = 1 - I'(\sqrt{\gamma_s}\Sigma\sqrt{\gamma_s})^{-1}(\mu - R_f I) \qquad (4-19)$$

式（4-18）给出了投资者情绪影响下各风险资产的最优投资比例，同时式（4-19）给出了投资者情绪影响下无风险资产的投资比例。与传统理性情况下的收益-风险模型所不同的，由于 γ_s 与投资者情绪密切相关，式（4-18）、式（4-19）表明投资者情绪与其投资于各风险资产及无风险资产的比例密切相关。

进一步，不妨设投资者对风险资产的投资者情绪为 s。则由式（4-19）知：

$$\frac{\partial w_f}{\partial s} = \frac{1}{\gamma}I'\Sigma^{-1}(\mu - R_f I)f^{-2}(s)\frac{\partial f(s)}{\partial s}$$

因为 $I'\Sigma^{-1}(\mu - R_f I)f^{-2}(s)/\gamma > 0$，$\partial f(s)/\partial s < 0$，所以由上式知投资者对无风险资产的投资比例与其对风险资产的投资者情绪负相关，投资者对风险资产的投资者情绪高昂（低落），将导致最优资产组合中无风险资产的份额下降（上升）。

4.3.2 有效边界曲线

下面我们分析考虑组合的期望收益及认知风险平面内含无风险资产的最优资产组合有效边界曲线。

为简洁起见，记 $K = R_f^2 A - 2R_f B + C$，$A = 2I'(\gamma_s\Sigma + \Sigma\gamma_s)^{-1}I$，$B = 2I'(\gamma_s\Sigma +$

$\Sigma\gamma_s)^{-1}\mu$，$C = 2\mu'(\gamma_s\Sigma + \Sigma\gamma_s)^{-1}\mu$。把风险资产的最优投资比例式（4-18）、式（4-19）代入主观认知风险、期望收益的计算式（4-12）、式（4-13），然后消去参变量 γ，易知投资者情绪资产组合模型（4-14）的最优风险资产抉择有效边界曲线为：

$$E(R) = \sqrt{K} \times \sigma_s + R_f \tag{4-20}$$

式（4-20）为期望收益、主观认知风险平面上的一条过点 $(0, R_f)$，斜率为 $\sqrt{K}$ 的直线，如图4-3所示。

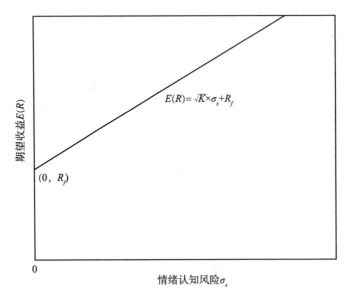

图4-3 包含无风险资产的资产组合有效边界曲线

但是，与传统收益-风险模型不同的，由于 A、B、C 都是投资者情绪的函数，所以该直线的斜率与投资者情绪密切相关，即投资者情绪控制着包含无风险资产的资产组合有效边界曲线的斜率大小。事实上，考虑投资者对风险资产的投资者情绪为 s 时：

$$\frac{\partial\sqrt{K}}{\partial s} = \frac{1}{2\sqrt{K}} \times \frac{\partial K}{\partial s} = \frac{1}{2\sqrt{K}} \times \left[-f^{-2}(s)\frac{\partial f(s)}{\partial s} \times \frac{1}{\gamma}(R_f^2 A_1 - 2R_f B_1 + C_1) \right]$$

其中，$A_1 = I'\Sigma^{-1}I$，$B_1 = I'\Sigma^{-1}\mu$，$C_1 = \mu'\Sigma^{-1}\mu$。因为 Σ 是正定的，且 $f(s_i)$ 为单调减函数，所以由上式知 $\partial\sqrt{K}/\partial s > 0$。即投资者对风险资产的投资者情绪

与投资者组合有效边界曲线的斜率正相关, 投资者情绪高昂 (低落) 将导致资产组合有效边界曲线斜率的增大 (减小)。

为具体直观考察投资者情绪对投资决策的影响, 下面给出一个具体数值算例。

4.3.3 具体数值算例

假设有三种风险资产, 各风险资产的期望收益及协方差矩阵分别为:

$$\mu = \begin{pmatrix} 0.05 \\ 0.10 \\ 0.25 \end{pmatrix}, \ \Sigma = \begin{pmatrix} 0.0025 & 0.0000 & 0.0000 \\ 0.0000 & 0.0400 & 0.0200 \\ 0.0000 & 0.0200 & 0.2500 \end{pmatrix}$$

考虑理性投资者的个人风险厌恶指标为 $\gamma = 2.7063$, 无风险资产的收益率 $R_f = 0.04$, 取 $f(s_i) = e^{-0.4 s_i}$。另外为了便于考察投资者情绪对风险资产抉择的影响, 我们考虑如下四种情况下的投资者情绪: $sent_1 = (0, 0, 0)'$ 表示投资者对三种风险资产都是理性的; $sent_2 = (1, 1, 1)'$ 表示投资者对三种风险资产都有相同的正的投资者情绪; $sent_3 = (1, 1, -1)'$ 表示投资者对风险资产 1、风险资产 2 有着较高的投资者情绪, 而对风险资产 3 的投资者情绪衰落为 -1; $sent_4 = (-1, -1, -1)'$ 表示投资者对三种风险资产的投资者情绪为负值 (投资者情绪衰落)。把上述各变量数值代入式 (4-18)、式 (4-19), 即可计算出上述四种情况下的风险资产抉择的最优份额。并进一步按照式 (4-12)、式 (4-13), 计算出对应的组合期望收益与主观认知风险, 详细最终结果见表 4-2。

表 4-2　不同投资者情绪状态下的最优风险资产抉择 (含无风险资产)

风险资产比重 (份额)	投资者情绪			
	$sent_1 = $ $(0, 0, 0)'$	$sent_2 = $ $(1, 1, 1)'$	$sent_3 = $ $(1, 1, -1)'$	$sent_4 = $ $(-1, -1, -1)'$
无风险资产	-1.1709	-2.2385	-2.0752	-0.4552
风险资产 1	1.4780	2.2050	2.2050	0.9908

续表

风险资产比重（份额）	投资者情绪			
	$sent_1 = (0, 0, 0)'$	$sent_2 = (1, 1, 1)'$	$sent_3 = (1, 1, -1)'$	$sent_4 = (-1, -1, -1)'$
风险资产 2	0.4157	0.6201	0.6997	0.2786
风险资产 3	0.2771	0.4134	0.1705	0.1858
比重加总	1	1	1	1
组合期望收益	13.79%	18.61%	13.98%	10.56%
组合标准差	19.02%	28.38%	20.92%	12.75%
主观认知风险	19.02%	23.23%	19.21%	15.57%

表 4 - 2 表明，当投资者对风险资产的投资者情绪都高涨时，最优组合的主观认知风险将比按传统标准差计算的该组合的风险小。如 $sent_2$ 时投资者情绪都高涨为 1，此时组合的主观认知风险为 23.23% 远小于组合的标准差 28.38%；反之，当投资者对风险资产的投资者情绪都低落时，其对组合的主观认知风险将比组合的标准差大，如 $sent_4$ 时投资者情绪都低落为 - 1，此时组合的主观认知风险为 15.57%，大于组合的标准差 12.75%。比较各投资者情绪状态下的最优资产组合，发现投资者情绪对投资者的风险资产抉择有着重要的作用，并且投资者对风险资产的投资者情绪将影响其对无风险资产的投资份额：当投资者对风险资产的投资者情绪都高涨（低落）时，无风险资产的比重将急剧下降（上升）。如 $sent_2$ 时投资者情绪对比 $sent_1$ 都上涨到 1，此时无风险资产的比重将从 - 1.1709 下跌到 - 2.2385，而当投资者情绪都下跌到 - 1 时（ $sent_4$ 的情况），无风险资产的比重上升到 - 0.4552。总之，投资者情绪是其最优资产组合的重要影响因子，投资者对风险资产的投资者情绪不仅影响投资者对组合主观认知风险的判断及风险资产的投资份额，同时也影响投资者对无风险资产的投资份额：当投资者对风险资产的投资者情绪都高涨（低落）时，无风险资产的比重将急剧下降（上升）。

为进一步具体刻画投资者情绪的影响，下面把数值算例中不同投资者情绪影响下包含无风险资产的资产组合有效边界曲线作图如图 4 - 4 所示。

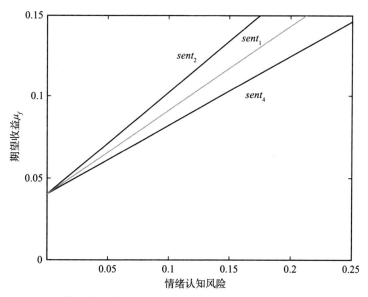

图 4 - 4　不同投资者情绪状态下资产组合的有效边界曲线（含无风险资产）

在图 4 - 4 中，$sent_2$ 对各风险资产的投资者情绪都是正的，其对应有效边界曲线斜率最大；$sent_4$ 对各风险资产的投资者情绪都是负的，其对应有效边界曲线斜率最小。所以，含投资者情绪的投资者的资产组合有效边界曲线与理性的投资者（$sent_1$）的资产组合有效边界曲线比较，二者投资者情绪的差异产生很大的不同，而投资者情绪是影响资产组合有效边界曲线的重要因子：含有无风险资产的资产组合有效边界曲线是受投资者情绪影响的直线，该有效边界曲线的斜率随着投资者对风险资产投资者情绪的高涨（低落）而变大（变小）。

4.3.4　实证检验

本节包含无风险资产的投资者情绪资产组合模型的解，式（4 - 18）、式（4 - 19）表明，投资者对无风险资产的投资比例为投资者对风险资产投资后的剩余部分，且投资者情绪与无风险资产投资负相关。随着投资者对风险资产投资者情绪的高涨，最优组合中无风险资产的投资将减少，所以，对本节结论进行如下实证检验。

检验假设：投资者对风险资产的投资者情绪将影响其在无风险资产的投

资份额，投资者情绪与无风险资产投资负相关。为此，本节考察投资者情绪与人民币储蓄存款增长率间的关系。投资者情绪为按照 B-W 方法构建的投资者对市场整体的投资者情绪复合指标，所抉择投资者情绪源变量：基金指标、基金成交量、新增基金开户数、新增股票开户数、滞后一期上证综指、沪市成交量。按 B-W 方法，通过主成分分析得投资者情绪的计算式为：

$$投资者情绪 = 0.43 \times 基金指数 + 0.38 \times 基金成交量$$
$$+ 0.30 \times 新增基金开户数 + 0.44 \times 新增股票开户数$$
$$+ 0.42 \times 滞后一期上证综指 + 0.45 \times 沪市成交量$$

经济学研究表明，存款增长往往与货币供应量有关，货币供应量的增加（减小）将使得存款与流通中的现金都增加（减小）。考虑到样本期内，中国货币供应量的变化问题，本书研究投资者情绪与人民币储蓄存款的关系时，抉择控制变量：流通中的现金（M0）。所以，本节实证分析模型如下：

$$存款增长率 = a + b_1 \times 流通中的现金增长率 + b_2 \times 投资者情绪 + \varepsilon$$

$$(4 - 21)$$

本节所有数据均来自国泰安数据库，样本期为 2006 年 1 月 ~ 2009 年 12 月，期限结构为月度数据。对实证模型（4 - 21）的参变量统计最终结果见表 4 - 3。表 4 - 3 最终结果表明，实证模型（4 - 21）及其参考统计系数 a、b_1、b_2 都在 90% 的置信水平下通过检验。如我们所预期的，统计系数 b_1 的估计值为 0.69，表明流通中的现金 M0 的增长率与存款增长率是正相关的。统计系数 b_1 的估计值为 - 0.002，说明投资者情绪与人民币存蓄存款间存在显著的负相关关系。这一结论与一些研究结果（Burdekin & Redfern，2009）的结论（投资者情绪与中国定期存款是显著负相关的）是一致的，都表明了投资者在风险市场的投资者情绪影响其在无风险市场上的投资。因此从投资者情绪的角度有效解释了中国金融市场的重要现象——资金搬家（武剑，2000；汪伟，2008）：当投资者情绪高昂，股票指标节节攀升时，投资者把资金从银行提出，投资于股票、基金等风险市场。

表 4 - 3　　　　　　　　　　实证模型（4 - 21）的参变量统计

统计系数	DF	参变量估计	标准差	t 统计量	Pr > |t|
a	1	0.01188 ***	0.00250	4.74	< 0.0001

续表

统计系数	DF	参变量估计	标准差	t 统计量	Pr > $|t|$
b_1	1	0.06888 *	0.03754	1.83	0.0733
b_2	1	− 0.00222 *	0.00128	− 1.73	0.0902

注：模型拟合 F 值为 2.96，伴随概率 Pr > F 为 0.0620，回归拟合优度 R^2 为 0.1187，调整 R^2 为 0.0787。*** 表示在 1% 显著性水平下显著，** 表示在 5% 显著性水平下显著，* 表示在 10% 显著性水平下显著。

4.4　本章小结

本章基于投资者情绪，通过分析投资者对不同风险资产的投资者情绪，讨论了投资者情绪对个人风险厌恶指标的影响，建立了投资者情绪个人风险厌恶指标矩阵，并进一步构建了投资者情绪影响下的风险资产的资产组合模型及包含无风险资产的资产组合模型。并且本章求解了这两个基于投资者情绪个人风险厌恶指标的资产组合模型的解析解及有效边界曲线方程，并给出了数值算例最终结果及实证分析。与标准金融不同的是，本章分析表明，投资者情绪是投资者进行风险资产抉择时的重要因子。本章主要结论如下：

（1）基于投资者情绪个人风险厌恶指标的资产组合模型表明：在主观认知风险与预期收益平面上，组合的可行域随着投资者情绪的高涨（低落）而扩张（收缩）；组合的有效边界曲线是该平面内的抛物线，且有效边界曲线随着投资者情绪的高涨或低落而扩张或收缩。最优组合中风险资产 i 的比重关于投资者对风险资产 i 的投资者情绪是单调增的，但是最优组合中风险资产 i 的比重关于投资者对其他风险资产的投资者情绪并不具有单调性。同时，本章把其他的行为金融解释都归纳为投资者情绪的影响：信息幻觉、熟悉性与控制力幻觉、过度乐观态度与一厢情愿思维及口碑传播效应都将导致投资者对本国、本地的公司产生较高的投资者情绪。而较高的投资者情绪将导致其对该风险资产（公司股票）产生较小的个人风险厌恶指标，从而导致投资者持有更多这些公司的股票，这就从投资者情绪的角度对本土偏好金融市场异象给出了有效解释。

（2）基于投资者情绪个人风险厌恶指标包含无风险资产的资产组合模型

表明：投资者对风险资产的投资者情绪将对投资于各风险资产的资金产生重要影响。对包含无风险资产的资产组合有效边界曲线进行分析，最终结果表明资产组合有效边界曲线是一直线，该直线的斜率受投资者情绪控制。当投资者对所有风险资产具有相同的投资者情绪时，投资者在无风险资产的投资份额是投资者对风险资产投资者情绪的减函数。即当投资者对风险资产的投资者情绪都高涨（低落）时，无风险资产的投资比重将急剧下降（上升）。通过选取 2006 年 1 月～2009 年 12 月的样本期数据，构建投资者市场投资者情绪，并对人民币储蓄存款与投资者情绪进行回归分析，实证检验了该模型的结论：投资者情绪与无风险资产投资负相关，进而解释了中国金融市场的"资金搬家"现象。

第 5 章

基于投资者情绪认知的资产组合模型

通过第 4 章基于投资者对不同风险资产有着不同投资者情绪的分析，本书讨论了投资者情绪对个人风险厌恶指标的影响，构建模型初步分析了投资者情绪对构建资产组合的影响。并且，在上一章中，我们发现投资者情绪对个人风险厌恶指标的影响可以转化为投资者情绪对风险资产风险识别与判断的影响。然而，事实上，投资者情绪的影响不仅体现在模糊性风险的认知过程中，也体现在模糊性收益的认知过程中。所以，本章将从投资者情绪同时影响模糊性风险与收益（投资者情绪认知）的角度进行分析，更深入研究投资者情绪影响下行为资产组合的构建问题。同时，本章将在模型分析过程中，给出分散风险不足、本土偏好等投资异象的解释。

5.1　主观认知收益与主观认知风险

鉴于标准金融对现实金融市场众多异象解释乏力，因此在行为金融框架下，基于投资者心理认知偏差重新度量了风险资产的收益与风险（如：Shefrin & Statman，1994；Shefrin，2001；杨春鹏等，2005；姜继娇和杨乃定，2006；等等）。然而投资者往往有众多的心理认知偏差，基于投资者心理自下而上的分析方式难以给出统一的框架。投资者情绪综合了多种心理、行为认知偏差的影响，往往可以克服这一难点。所以本节将先给出基于投资者情绪认知的收益（主观认知收益）与基于投资者情绪认知的风险（主观认知风险）的定义。

把一些文献（Bower，1981；Arkes et al.，1988；Wright & Bower，1992；等等）的研究成果应用到金融市场，则当投资者有乐观态度投资者情绪时将做出乐观态度的判断和抉择——高估收益、低估风险；当投资者有悲观态度投资者情绪时，将做出悲观态度的判断和抉择——低估收益、高估风险。所以，记投资者对风险资产 i 投资者情绪为 s_i，以收益 - 风险为基础，则投资者受投资者情绪的影响对收益与风险的判断出现认知偏差，主观认知风险 σ_{is}、主观认知收益 μ_{is} 为：

$$\sigma_{is} = f(s_i) \times \sigma_i^2 \qquad (5-1)$$
$$\mu_{is} = g^{-1}(s_i) \times \mu_i \qquad (5-2)$$

其中，σ_i^2 为风险资产 i 的方差，μ_i 为风险资产 i 的期望收益。$f(s_i) > 0$、$g(s_i) > 0$ 为投资者情绪影响函数，都是关于投资者情绪的单调减函数，投资者情绪 s_i 越大，$f(s_i)$、$g(s_i)$ 越趋近于零，并且当投资者理性（$s_i = 0$）时，$f(0) = g(0) = 1$。主观认知收益式（5 - 2）与主观认知风险式（5 - 1）的定义表明，投资者对收益、风险的判断受到投资者情绪的影响，当投资者情绪乐观态度（$s_i > 0$）时，投资者将高估收益、低估风险；当投资者情绪悲观态度（$s_i < 0$）时，投资者将高估收益、低估风险；当投资者理性（$s_i = 0$）时，主观认知收益、主观认知风险就是传统的期望收益与方差。

5.2 投资者情绪认知占优准则

有文献认为个人风险条件下的抉择过程存在一个编辑阶段（editing）（Kahneman & Tversky，1979）。在编辑阶段，投资者将进行编码、合成、剥离、简化、占优检查等过程。其中占优检查指：检查所有给定的期望选项以删除那些被另一个选项完全占优的选项，从而简化决策。

标准金融资产组合理论中，投资者是理性的，投资者对风险资产的收益判断为风险资产历史收益的均值［期望收益 $E(R)$］，而风险为风险资产历史收益的波动（标准差 σ 或方差 σ^2）。按标准金融的有效市场理论，均衡状态现实市场中，风险资产 A、B 的期望收益 μ_A、μ_B 和标准差 σ_A、σ_B 不会出现：$\sigma_A \geqslant \sigma_B$、$\mu_A \leqslant \mu_B$，且其中有一不等式严格成立的情况。

然而如上节分析，在投资者情绪影响下，投资者基于主观认知风险式（5-1）、主观认知收益式（5-2）进行投资分析。记投资者对风险资产 A、B 的主观认知风险、主观认知收益分别为（σ_{sA}^2，μ_{sA}）、（σ_{sB}^2，μ_{sB}）。如果 $\sigma_{sA}^2 \geq \sigma_{sB}^2$（或 $\sigma_{sA} \geq \sigma_{sB}$），$\mu_{sA} \leq \mu_{sB}$，并且其中有一个不等式严格成立，则投资者将偏好风险资产 B，称风险资产 B 为投资者情绪认知占优风险资产、风险资产 A 为投资者情绪认知占劣风险资产。与标准金融理论不同，现实金融市场中，投资者基于投资者情绪认知的分析可能导致出现投资者情绪认知占优风险资产。例如：在表 5-1 中给定风险资产 A、B 的期望收益、标准差、投资者情绪，并设定投资者情绪影响函数 $g(s) = e^{-0.2s}$、$f(s) = e^{-0.4s}$，则由式（5-1）、式（5-2）计算出风险资产的主观认知风险、主观认知收益。

表 5-1 风险资产 A、B 对应各变量的取值

类别	期望收益 μ	方差 σ^2	投资者情绪 s	主观认知收益 μ_s	主观认知风险 σ_s^2
风险资产 A	0.1000	0.1200	−1	0.0819	0.1790
风险资产 B	0.1200	0.1360	1	0.1466	0.0912

可见风险资产 A 的主观认知风险、主观认知收益为（17.90%，8.19%），投资者对风险资产 B 的主观认知风险、主观认知收益为（9.12%，14.66%）。即风险资产 A 的主观认知收益小于风险资产 B 的主观认知收益，同时风险资产 A 的主观认知风险大于风险资产 B 的主观认知风险，因此出现了投资者对风险资产 B 投资者情绪认知占优的情况。此时，由于卖空限制，投资者对投资者情绪认知占劣风险资产（风险资产 A）的任何投资所获得的效用，都不如用相同的资金对投资者情绪认知占优风险资产（风险资产 B）进行投资所获得的效用。所以，在卖空限制情况下，两风险资产比较，当出现投资者情绪认知占优（占劣）风险资产时，投资者将淘汰投资者情绪认知占劣风险资产，只投资于投资者情绪认知占优风险资产。综上所述，在卖空限制下，投资者情绪认知占优准则为：投资者受投资者情绪影响，通过对各风险资产的主观认知风险、主观认知收益进行两两比较，当出现投资者情绪认知占优（占劣）风险资产时，投资者将淘汰投资者情绪认知占劣风险资产，只投资于非投资者情绪认知占劣风险资产（剔除投资者情绪认知占劣风

险资产后的剩余风险资产)。

进一步分析知:出现投资者情绪认知占优风险资产时,在主观认知风险、主观认知收益平面内,画出投资者情绪认知占优风险资产、投资者情绪认知占劣风险资产,将直观地发现主观认知风险与主观认知收益负相关。把表5-1的风险资产 A(0.1790,0.0819)、风险资产 B(0.0912,0.1466)连线在主观认知收益、主观认知风险平面上做图连线。则如图 5-1 所示,该连线则为一斜率为负的直线,即出现了主观认知收益与主观认知风险负相关的状况。

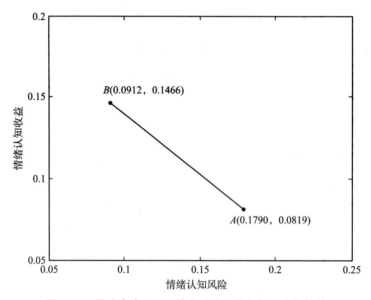

图 5-1　风险资产 A、B 的主观认知收益与风险负相关

标准金融理论中,收益与风险是正相关的。然而,一些实验调查却都表明投资者的认知收益、认知风险是负相关的(Shefrin,2001;Statman et al.,2008)。有学者收集了 210 家公司的名字及其行业,然后把 1800 名投资者均分为 6 个小组,向其中 3 组发出调查问卷,要求每组分别对 210 家公司中的 70 家公司进行认知收益的评级,由低到高从 1~10 分为 10 个级别。而后对另外 3 组发出调查问卷,要求每组分别对 210 家公司中的 70 家公司进行认知风险的评级,得分也是由低到高从 1~10 分为 10 个级别。最后由受调查的投资者所给的平均分得到公司的认知收益与认知风险的评分（Statman et al.，2008）。与标准金融的收益与风险正相关理论不同，该调查实验中得到的结论是认知收益与认知风险负相关（如图 5 - 2 所示）。

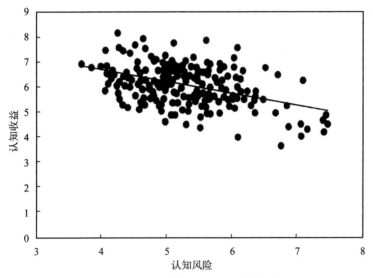

图 5 - 2　认知收益与认知风险负相关

资料来源：Statman et al.，2008。

对比该调查实验与本书对风险资产 A、B 中图 5 - 1 的分析。我们认为，投资者对不同风险资产有不同的投资者情绪，由于受投资者情绪的影响，通过主观认知风险、主观认知收益进行投资分析，从而出现了该调查实验的现象：认知收益与认知风险负相关。并且这一负相关关系正是出现投资者情绪认知占优风险资产的特征，因此适用投资者情绪认知占优准则。而该调查实验表明，投资者对绝大多数风险资产的认知收益与认知风险的判断都存在负相关关系（如图 5 - 2 所示）。因此，按照投资者情绪认知占优准则，投资者将放弃这些投资者情绪认知占劣风险资产，而只投资于少数的非投资者情绪认知占劣风险资产（如图 5 - 2 中左上方的少数几个公司）。

分散风险不足现象指，现实金融市场上，投资者往往并没有完全按照马科维茨（Markowitz）的风险资产组合理论充分分散其投资，投资者常常只持有少数的几只股票（De Bondt，1998；Barber & Odean，2001）。例如：布卢姆和夫林（Blume & Friend，1975）对消费者财务状况进行的调查显示，投资者风险资产组合中股票的平均数量只有 3.41 只。当前行为金融领域对分散风险不足的解释主要集中在：过度自信（Odean，1998）、过度乐观态度（Debondt，1998）、熟悉性（Huberman，2001）、忠诚度（Cohen，2009）。这些解释从投资者心理、行为偏好的不同方面对分散风险不足现象进行了有效解释。然而这些解释都是只通过投资者心理、行为偏好的某些方面来对分散风险不足进行解释，难以给出综合的、全面的解释。而事实上，过度自信、过度乐观态度、熟悉性、忠诚度等都可以表征为投资者情绪。例如，如果投资者对某只股票产生过度自信、过度乐观态度心理，其也将对该股票产生较高的投资者情绪。同样，投资者对股票熟悉性、忠诚度的变化也正是投资者情绪的表现。此外，阿布鲁和门德斯（Abreui & Mendesi，2010）研究认为投资者的教育水平、财务知识及信息来源与其资产组合中的股票数量显著正相关。事实上，教育水平、财务知识及信息来源的增加都将使得投资者减小其受投资者情绪的影响。也就是说，投资者受投资者情绪的影响越大，其风险分散程度越低。总之，当前行为金融领域对分散风险不足的解释都可以综合归纳为本书基于投资者情绪的解释：投资者受到投资者情绪的影响，将依据投资者情绪认知占优准则从候选风险资产挑选出拟投资风险资产。在这一过程中，由于投资者情绪的作用，投资者对大量风险资产产生收益与风险负相关的认知，从而放弃投资这些投资者情绪认知占劣风险资产。因此导致现实金融市场投资者的资产组合中的风险资产数量远小于标准金融资产组合理论充分分散的最优化最终结果，出现分散风险不足异象。

总之，投资者由于对各风险资产收益、风险的判断受到投资者情绪的影响，导致现实市场中投资者把大多数风险资产都认为其风险、收益是负相关的，而放弃对这些风险资产的投资。也就是说，受投资者情绪影响的投资者并没有完全按照马科维茨（Markowitz）的资产组合理论充分分散其投资，而是只持有少数的几只股票，从而有效解释了标准金融的分散风险不足（Barber & Odean，2001）现象。

5.3　基于投资者情绪认知的风险资产的资产组合模型

5.3.1　卖空限制下的风险资产的资产组合模型

上节中，我们分析了投资者基于投资者情绪抉择风险资产的过程，最终结果表明投资者将只投资于少量的非投资者情绪认知占劣风险资产，从而由投资者情绪的角度有效解释了分散风险不足现象。然而随之而来的问题是：在投资者情绪影响下，投资者在拟投资的少量非投资者情绪认知占劣风险资产中如何配置投资比例以获得令其最满意的资产组合。本节拟通过构建基于投资者情绪认知的行为资产组合模型以解决这一问题。

1. 理论模型构建

当不存在投资者情绪占优（占劣）风险资产时，把上节对单项风险资产主观认知风险、主观认知收益的分析扩展到资产组合中。西蒙（Simon，1997）有限理性学说认为，投资者使用了不完全的信息在合理的计算量下进行实际决策。对投资者情绪影响下的风险资产 i、j 的相关统计系数 $\rho_{s,ij}$ 的估计需要复杂的计算，所以以本书假定投资者受投资者情绪影响对风险资产 i、j 的相关统计系数 $\rho_{s,ij}$ 的估计仍与理性的时候相等。所以，此时考虑到投资者情绪对风险判断的影响（5-1）知，投资者对资产组合中风险资产 i、风险资产 j 的风险（方差）认知为：$\sigma_{si}^2 = f(s_i)\sigma_i^2$，$\sigma_{sj}^2 = f(s_j)\sigma_j^2$；对风险资产 i、风险资产 j 的投资者情绪认知协方差 σ_{sij} 为：

$$\sigma_{sij} = \rho\sigma_{si}\sigma_{sj} = \rho \times \sqrt{f(s_i)}\,\sigma_i \times \sqrt{f(s_j)}\,\sigma_j = \sqrt{f(s_i)f(s_j)} \times \sigma_{ij} \quad (5-3)$$

记 F 为投资者情绪风险影响矩阵：

$$F = \begin{pmatrix} f(s_1) & 0 & \cdots & 0 \\ 0 & f(s_2) & \cdots & 0 \\ \vdots & & & \vdots \\ 0 & 0 & \cdots & f(s_n) \end{pmatrix}_{n \times n}$$

则投资者情绪影响下的投资者情绪协方差矩阵 Σ_s 为：

$$\Sigma_s = \begin{pmatrix} f(s_1)\sigma_1^2 & \sqrt{f(s_1)f(s_2)}\sigma_{12} & \cdots & \sqrt{f(s_1)f(s_n)}\sigma_{1n} \\ \sqrt{f(s_1)f(s_2)}\sigma_{21} & f(s_2)\sigma_2^2 & \cdots & \sqrt{f(s_2)f(s_n)}\sigma_{2n} \\ \vdots & & & \vdots \\ \sqrt{f(s_1)f(s_n)}\sigma_{1n} & \sqrt{f(s_2)f(s_n)}\sigma_{2n} & \cdots & f(s_n)\sigma_n^2 \end{pmatrix}_{n \times n} = \sqrt{F}\Sigma\sqrt{F}$$

$$(5-4)$$

记 $\Sigma \in R^{n \times n}$ 为风险资产的协方差矩阵（正定矩阵），$w = (w_1, \cdots, w_n)'$ 为风险资产的投资比重列向量，w_i 为风险资产 i 在组合中的比重，则由上式知投资者对组合的认知风险 σ_{sp}^2 为：

$$\sigma_{sp}^2 = w'\sqrt{F}\Sigma\sqrt{F}w \qquad (5-5)$$

记 $\mu = (\mu_1, \cdots, \mu_n)'$ 为风险资产的期望收益列向量，μ_i 为风险资产 i 的期望收益。投资者情绪收益影响矩阵 G 定义如下：

$$G = \begin{pmatrix} g^{-1}(s_1) & 0 & \cdots & 0 \\ 0 & g^{-1}(s_2) & \cdots & 0 \\ \vdots & & & \vdots \\ 0 & 0 & \cdots & g^{-1}(s_n) \end{pmatrix}_{n \times n}$$

则由式（5-2）知，投资者对组合的认知收益 R_{sp} 为：

$$R_{sp} = w'G\mu \qquad (5-6)$$

所以，投资者以最大化资产组合的主观认知收益同时最小化主观认知风险为投资目标，考虑到卖空限制，构建基于投资者情绪认知的资产组合模型为：

$$\begin{cases} \max_w & w'G\mu \\ \min_w & \dfrac{1}{2}w'\sqrt{F}\Sigma\sqrt{F}w \\ \text{s. t.} & w'I = 1 \\ & w_i \geqslant 0 \quad i = 1, 2, \cdots, n \end{cases} \qquad (5-7)$$

其中，$w'I = 1$ 表示所有资金完全投资，$w_i \geqslant 0$ 表示卖空限制。考虑卖空限制基于投资者情绪认知的资产组合模型（5-7）的解析解是难以求解的，但通过把该双目标规划问题转换为线性规划问题，其数值解可以通过 Matlab 等数学软件方便的求解。本书将在下节的数值算例中进行求解。

2. 基于投资者情绪认知的资产组合分析范式

总结投资者在卖空限制下基于投资者情绪认知的风险资产的资产组合分析过程为：

（1）投资者将依据市场上的众多候选风险资产的期望收益、标准差、投资者情绪等数据，计算分析主观认知收益、主观认知风险，并通过投资者情绪认知占优准则确定拟投资风险资产。

（2）对选定的拟投资风险资产，依据卖空限制下基于投资者情绪认知的资产组合模型确定各风险资产的投资比重。

标准金融资产组合理论中，现实市场是均衡市场，不存在占优（占劣）风险资产，投资者将对市场所有候选风险资产进行投资。标准金融的理论分析与实际投资比较，出现投资（风险）分散不足现象：现实金融市场上，投资者往往并没有完全按照标准金融资产组合理论充分分散其投资，而常常只持有少数的几项风险资产。本书分析表明，投资者在投资者情绪影响下，将首先通过投资者情绪认知占优准则从候选风险资产中挑选出拟投资风险资产，从而导致资产组合中所需分析的拟投资风险资产数量比市场中的风险资产数量大量减少；然后再通过基于投资者情绪认知的资产组合模型确定各拟投资风险资产的投资比例。也就是说，本书基于投资者情绪的资产组合过程表明，投资者投资的风险资产数量较标准金融资产组合理论的结论大大减少，使得本书投资分析的理论最终结果也更接近现实金融市场投资者的投资行为，能获得令投资者更满意的资产组合，并有效解释了分散风险不足现象。

总之，投资者情绪在资产组合分析过程中起了关键的作用，无论是各拟投资风险资产的确定，还是最优资产组合中各风险资产比重的确定，投资者情绪都在其中起了重要的影响作用。为直观的考察投资者资产组合分析过程及考察投资者情绪在资产组合分析过程中的作用，在下节，本书将给出一个具体数值算例。

3. 具体数值算例

假设有四项风险资产，各风险资产的期望收益及协方差矩阵分别为：

$$\mu_0 = \begin{pmatrix} 0.0500 \\ 0.1000 \\ 0.2500 \\ 0.0600 \end{pmatrix}, \quad \Sigma_0 = \begin{pmatrix} 0.0025 & 0.0000 & 0.0000 & 0.0000 \\ 0.0000 & 0.0400 & 0.0200 & 0.0000 \\ 0.0000 & 0.0200 & 0.2500 & 0.0000 \\ 0.0000 & 0.0000 & 0.0000 & 0.0370 \end{pmatrix}$$

贝克和伍格勒（Baker & Wurger，2006）构造的投资者情绪取值范围为（-2，6），所以这里我们不妨假定投资者对第四项风险资产持悲观态度，投资者情绪恒为 -2。分别考虑投资者对各风险资产投资者情绪的如下四种状态：$sent_1 = (0, 0, 0, -2)'$ 表示投资者对三项风险资产都是理性的；$sent_2 = (1, 1, 1, -2)'$ 表示投资者对前三项风险资产都有相同正的投资者情绪 1；$sent_3 = (1, 1, -1, -2)'$ 表示投资者对风险资产 1、风险资产 2 有着较高的投资者情绪。而对风险资产 3 的投资者情绪衰落为 -1；$sent_4 = (-1, -1, -1, -2)'$ 表示投资者对三项风险资产的投资者情绪都为 -1。取满足定义要求的投资者情绪影响函数为负指标形式：$f(s) = e^{-\alpha_\sigma s}$，$g(s) = e^{-\alpha_r s}$，其中投资者情绪影响统计系数 $\alpha_\sigma = 0.4$，$\alpha_r = 0.2$。则按照式（5-1）、式（5-2）分别计算出四种不同投资者情绪状态下各风险资产的主观认知风险、主观认知收益见表5-2。

表5-2 不同投资者情绪状态下各风险资产的主观认知风险与主观认知收益

类别	$sent_1 = (0, 0, 0, -2)'$		$sent_2 = (1, 1, 1, -2)'$		$sent_3 = (1, 1, -1, -2)'$		$sent_4 = (-1, -1, -1, -2)'$	
	σ_s^2	μ_s	σ_s^2	μ_s	σ_s^2	μ_s	σ_s^2	μ_s
风险资产 1	0.0025	0.0500	0.0017	0.0611	0.0017	0.0611	0.0409	0.0037
风险资产 2	0.0400	0.1000	0.0268	0.1221	0.0268	0.1221	0.0597	0.0819
风险资产 3	0.2500	0.2500	0.1676	0.3054	0.3730	0.2047	0.3730	0.2047
风险资产 4	0.0823	0.0402	0.0823	0.0402	0.0823	0.0402	0.0823	0.0402

表5-2 显示，各投资者情绪状态下，将四项风险资产的主观认知风险、主观认知收益两两比较，易知风险资产 4 在四种投资者情绪状态下都是投资者情绪认知占劣风险资产。所以，在卖空限制下，按照投资者情绪认知占优准则，投资者将放弃投资风险资产 4，将资金投资风险资产 1、2、3 所构成的资产组合。

下面具体分析投资者如何按照上节构建的基于投资者情绪认知的资产组合模型，分配对候选风险资产（风险资产 1、2、3）的投资比例以获取最优的资产组合。为便于讨论，记这三项风险资产的期望收益矩阵及协方差矩阵分别为：

$$\mu = \begin{pmatrix} 0.0500 \\ 0.1000 \\ 0.2500 \end{pmatrix}, \quad \Sigma = \begin{pmatrix} 0.0025 & 0.0000 & 0.0000 \\ 0.0000 & 0.0400 & 0.0200 \\ 0.0000 & 0.0200 & 0.2500 \end{pmatrix}$$

投资者的个人风险厌恶指标为 $\gamma = 2.7063$。剔除投资者情绪认知占劣风险资产 4 后，记投资者四种投资者情绪状态分别为：$sent_1 = (0, 0, 0)'$、$sent_2 = (1, 1, 1)'$、$sent_3 = (1, 1, -1)'$、$sent_4 = (-1, -1, -1)'$。把各变量代入模型（5-7），通过 Matlab 计算出各投资者情绪状态下风险资产抉择的最优比重，最终详细结果见表 5-3。

表 5-3　　　　不同投资者情绪状态下的最优资产组合（卖空限制）

风险资产比重	投资者情绪			
	$sent_1 =$ $(0, 0, 0)'$	$sent_2 =$ $(1, 1, 1)'$	$sent_3 =$ $(1, 1, -1)'$	$sent_4 =$ $(-1, -1, -1)'$
风险资产 1	0.3787	0.0000	0.1248	0.6315
风险资产 2	0.3499	0.5160	0.7738	0.2174
风险资产 3	0.2714	0.4840	0.1013	0.1512
比重加总	1	1	1	1
传统期望收益	12.18%	17.26%	10.90%	09.11%
主观认知收益	12.18%	21.08%	12.29%	07.46%
组合标准差	16.57%	28.14%	17.23%	09.96%
主观认知风险	16.57%	23.04%	15.18%	12.16%

在表 5-3 中综合考察不同投资者情绪状态下的各风险资产投资比例，最终结果显示：在 $sent_1$ 投资者理性时，投资者投资于各风险资产的比例显然与当投资者受投资者情绪影响时（$sent_2$、$sent_3$、$sent_4$）的投资比例有很大的差别；而当投资者对某风险资产的投资者情绪逐步高涨时（对其他风险资产投资者情绪不变），其投资于该风险资产的资金将逐步增加。如 $sent_3$、$sent_2$ 中，

投资者对风险资产 3 的投资者情绪从 -1 逐步增加到 1（对风险资产 1、风险资产 2 的投资者情绪不变），此时投资者对风险资产 3 的投资金额比例从 0.1013 逐步增加到 0.4840。可见当其他条件不变时，投资者情绪是影响资产组合的决定性因子，投资者情绪的变动将导致投资于各风险资产的资金产生重大变动。

数值算例中，本书描述了投资者基于投资者情绪的资产组合分析过程：首先，在投资者情绪影响下，四项候选风险资产中的风险资产 4 是投资者情绪认知占劣风险资产，所以投资者将首先剔除风险资产 4，其拟投资者风险资产为风险资产 1、2、3；其次，投资者通过基于投资者情绪认知的资产组合模型（5-7）计算出三项风险资产的最优投资比例以获得令其满意的投资。构建资产组合时，投资者通过占优检查，剔除不满意风险资产，从而与现实中投资者只投资于少量风险资产的情况吻合，很好地解释了分散风险不足现象。

总之，基于投资者情绪认知的资产组合分析过程为：首先，投资者搜集市场的众多风险资产的期望收益、标准差、投资者情绪等数据，分析计算主观认知收益、主观认知风险，并在卖空限制下，通过投资者情绪认知占优准则确定拟投资风险资产。然后，投资者将通过本书构建的基于投资者情绪认知的资产组合模型进行风险资产组合的构建，确定各拟投资风险资产的投资比重以获得令投资者最满意的投资。基于投资者情绪认知的资产组合分析过程表明投资者在构建资产组合过程中将在候选风险资产中剔除掉"不满意"（投资者情绪认知占劣）的风险资产。而斯坦德曼等（Statman et al.，2008）的实验表明现实金融市场中，投资者对大量风险资产的认知都是投资者情绪认知占劣风险资产。所以，应用本书的资产组合分析过程知，现实金融市场中投资者将剔除大量"不满意"风险资产，而只投资于少量"满意"（非投资者情绪认知占劣）风险资产，从而有效解释了分散风险不足现象。当前行为金融领域对分散风险不足的解释主要集中在：过度自信、过度乐观态度、熟悉性、忠诚度、受教育水平等行为、心理认知偏差。这些行为、心理认知偏差都可以通过投资者情绪来归纳体现。可见，投资者情绪对分散风险不足现象的解释能很好地综合当前行为金融对分散风险不足的众多离散的解释。

5.3.2　无卖空限制的风险资产的资产组合模型

上一小节中，我们探讨了在卖空限制下的风险资产的资产组合理论模型构建、应用等问题，最终结果表明基于投资者情绪的风险资产的资产组合研究最终结果能有效地解释分散风险不足现象。然而，在求解过程中，我们也发现在卖空限制下的资产组合模型的解析解是难以给出的。这就难以在理论上进一步深入讨论基于投资者情绪的资产组合构建问题。为了进一步深入探讨投资者情绪对资产组合的影响，本小节我们将讨论无卖空限制的风险资产的资产组合问题。

1. 理论模型构建与求解

在不考虑卖空限制的时候，投资者构建资产组合的目标仍然与上节一样：最大化组合的主观认知收益同时最小化主观认知风险。所以，此时构建无卖空限制的风险资产的资产组合模型为：

$$\begin{cases} \max_{w} & w'G\mu \\ \min_{w} & \dfrac{1}{2}w'\sqrt{F}\Sigma\sqrt{F}w \\ \text{s. t.} & w'I = 1 \end{cases} \qquad (5-8)$$

模型（5-8）的约束条件 $w'I = 1$ 表示投资者把所有风险资产用于投资。与存在卖空限制的模型（5-7）比较，模型（5-8）消去了卖空限制的约束条件：$w_i \geqslant 0$，$i = 1, 2, \cdots, n$。下面对不考虑卖空限制的风险资产的资产组合模型（5-8）进行求解。

首先，按照运筹学多目标规划理论把模型（5-8）改写为如下线性规划问题：

$$\begin{cases} \max_{w} & w'G\mu - \dfrac{1}{2}\gamma w'\sqrt{F}\Sigma\sqrt{F}w \\ \text{s. t.} & w'I = 1 \end{cases}$$

其中，参变量 γ 是投资者对主观认知收益与主观认知风险的权衡，可称其为个人风险厌恶指标。用拉格朗日乘数法对该理论模型构建拉格朗日函数：

$$L = w'G\mu - \dfrac{1}{2}\gamma w'\sqrt{F}\Sigma\sqrt{F}w - \lambda\,(w'I - 1)$$

其中 λ 为拉格朗日乘数。由于 $\sqrt{F}\Sigma\sqrt{F}$ 为对称矩阵，按矩阵论方法，取 L 的一阶条件得：

$$\frac{\partial L}{\partial w} = G\mu - \gamma\sqrt{F}\Sigma\sqrt{F}w - \lambda I = 0 \tag{5-9}$$

$$\frac{\partial L}{\partial \lambda} = w'I - 1 = 0 \tag{5-10}$$

由式（5-9）解得：

$$w = (\gamma\sqrt{F}\Sigma\sqrt{F})^{-1}(G\mu - \lambda I) \tag{5-11}$$

下面我们再求解 λ，式（5-11）两边左乘 I' 代入式（5-10）得：

$$1 = I'(\gamma\sqrt{F}\Sigma\sqrt{F})^{-1}(G\mu - \lambda I)$$

由此解得：

$$\lambda = \frac{I'(\sqrt{F}\Sigma\sqrt{F})^{-1}G\mu - \gamma}{I'(\sqrt{F}\Sigma\sqrt{F})^{-1}I} \tag{5-12}$$

把式（5-12）代入式（5-11）即得问题式（5-8）的解，即：

$$w = (\gamma\sqrt{F}\Sigma\sqrt{F})^{-1}\left[G\mu - \left(\frac{I'(\sqrt{F}\Sigma\sqrt{F})^{-1}G\mu - \gamma}{I'(\sqrt{F}\Sigma\sqrt{F})^{-1}I}\right)I\right] \tag{5-13}$$

式（5-13）中 F 和 G 都是投资者情绪的矩阵，可见投资者情绪是影响风险资产的资产组合的重要因子。为进一步讨论投资者情绪的影响，我们给出模型（5-8）的有效边界曲线的讨论。

为此，记：$I'(\sqrt{F}\Sigma\sqrt{F})^{-1}I = A$，$I'(\sqrt{F}\Sigma\sqrt{F})^{-1}G\mu = B$，$(G\mu)'(\sqrt{F}\Sigma\sqrt{F})^{-1}$ $G\mu = C$；R_s 为组合的主观认知收益，σ_s^2 为组合的主观认知风险，由于 $\sqrt{F}\Sigma\sqrt{F}$ 为对称矩阵，代入式（5-13）知：

$$w = \frac{1}{\gamma}(\sqrt{F}\Sigma\sqrt{F})^{-1}G\mu - \frac{1}{\gamma} \times \frac{B-\gamma}{A}(\sqrt{F}\Sigma\sqrt{F})^{-1}I$$

$$R_s = \mu'G'w = \frac{C}{\gamma} - \frac{B-\gamma}{A} \times \frac{B}{\gamma}$$

所以，

$$\gamma = \frac{AC - B^2}{AE(R) - B} \tag{5-14}$$

组合的主观认知风险 σ_s^2 有：

$$\sigma_s^2 = w' \sqrt{F} \Sigma \sqrt{F} w$$

$$= w' \sqrt{F} \Sigma \sqrt{F} \frac{1}{\gamma} \left[(\sqrt{F} \Sigma \sqrt{F})^{-1} G\mu - \frac{B-\gamma}{A} (\sqrt{F} \Sigma \sqrt{F})^{-1} I \right]$$

$$= \frac{1}{\gamma} \left[E(R) - \frac{B-\gamma}{A} \right]$$

把式（5-14）代入上式，记 $\Delta = AC - B^2$，化简知模型（5-8）有效边界曲线在主观认知风险与期望收益平面上为双曲线（位于第一象限的上半段）：

$$\frac{\sigma_s^2}{\frac{1}{A}} - \frac{\left(R_s - \frac{B}{A}\right)^2}{\frac{\Delta}{A^2}} = 1 \tag{5-15}$$

上式在主观认知风险、期望收益平面上即为双曲线的标准方程，其中心为 $(0, B/A)$，对称轴为：$\sigma_s = 0$，$\mu = B/A$，只含有风险资产的基于投资者情绪认知的资产组合模型有效边界曲线为该双曲线在第一象限的上半段。由于 A，B，C，D，Δ 都与投资者情绪有关，所以只含有风险资产的基于投资者情绪认知的资产组合模型有效边界曲线与投资者情绪密切相关，有效边界曲线的最小认知风险组合的主观认知风险为：$\sqrt{1/A}$。下面详细讨论投资者情绪对有效边界曲线的影响，不妨设投资者对所有风险资产有着相同的投资者情绪 s，则由于：

$$\frac{\partial A}{\partial s} = I' \Sigma^{-1} I \frac{\partial f^{-1}(s)}{\partial s} = -I' \Sigma^{-1} I f^{-2}(s) \frac{\partial f(s)}{\partial s} > 0$$

$$\frac{\partial B}{\partial s} = I' \Sigma^{-1} \mu \frac{\partial [f^{-1}(s) g^{-1}(s)]}{\partial s} > 0$$

所以，

$$\frac{\partial \sqrt{1/A}}{\partial s} = -\frac{1}{2} A^{-3/2} \frac{\partial A}{\partial s} < 0$$

$$\frac{\partial (B/A)}{\partial s} = \frac{\frac{\partial B}{\partial s} A - B \frac{\partial A}{\partial s}}{A^2} = \frac{1}{A^2} \left[I' \Sigma^{-1} \mu \times I' \Sigma^{-1} I \times f^{-2}(s) \right] \frac{\partial [g^{-1}(s)]}{\partial s} > 0$$

由上面两个公式知：随着投资者情绪的高涨，有效边界曲线将逐步往左上方移动。并且进一步的，

$$\frac{\partial (\Delta/A)}{\partial s} = \frac{\partial (C - B^2/A)}{\partial s} > \mu \Sigma^{-1} \mu \frac{\partial \{ g^{-2}(s) [f^{-1}(s) - f(s)] \}}{\partial s} > 0$$

上式表明，双曲线的开口 $\dfrac{\Delta/A^2}{1/A}$ 是随着投资者情绪高昂而增大的。下面我们给出一个具体数值算例，以展示投资者情绪对资产组合的影响。

2. 模型的数值算例

为便于讨论，与上一小节类似，记这三项风险资产的期望收益矩阵及协方差矩阵分别为：

$$\mu = \begin{pmatrix} 0.0500 \\ 0.1000 \\ 0.2500 \end{pmatrix}, \ \Sigma = \begin{pmatrix} 0.0025 & 0.0000 & 0.0000 \\ 0.0000 & 0.0400 & 0.0200 \\ 0.0000 & 0.0200 & 0.2500 \end{pmatrix}$$

记投资者四种投资者情绪状态分别为：$sent_1 = (0, 0, 0)'$、$sent_2 = (1, 1, 1)'$、$sent_3 = (1, 1, -1)'$、$sent_4 = (-1, -1, -1)'$。投资者的个人风险厌恶指标为 $\gamma = 2.7063$。取满足定义要求的投资者情绪影响函数为负指标形式：$f(s) = e^{-\alpha_\sigma s}$，$g(s) = e^{-\alpha_r s}$，其中投资者情绪影响统计系数 $\alpha_\sigma = 0.4$，$\alpha_r = 0.2$。把各变量代入模型的求解式（5-13），通过 Matlab 计算出各投资者情绪状态下风险资产抉择的最优比重，详细最终结果见表 5-4。

表 5-4　　　　不同投资者情绪状态下的最优资产组合（无卖空限制）

风险资产比重	投资者情绪			
	$sent_1 =$ $(0, 0, 0)'$	$sent_2 =$ $(1, 1, 1)'$	$sent_3 =$ $(1, 1, -1)'$	$sent_4 =$ $(-1, -1, -1)'$
风险资产1	0.3787	-0.0818	0.1248	0.6315
风险资产2	0.3499	0.5912	0.7738	0.2174
风险资产3	0.2714	0.4905	0.1013	0.1512
比重加总	1	1	1	1
传统期望收益	12.18%	17.77%	10.90%	09.11%
主观认知收益	12.18%	21.70%	12.29%	07.46%
组合标准差	16.57%	29.28%	17.23%	09.96%
主观认知风险	16.57%	23.98%	15.18%	12.16%

在表 5-4 中综合考察不同投资者情绪状态下的各风险资产投资比例，最终结果与表 5-3 显示一致，在 $sent_1$ 投资者理性时，投资者投资于各风险资

产的比例显然与当投资者受投资者情绪影响时（$sent_2$、$sent_3$、$sent_4$）的投资比例有很大的差别。而当投资者对某风险资产的投资者情绪逐步高涨时（对其他风险资产投资者情绪不变），其投资于该风险资产的资金将逐步增加。如 $sent_3$、$sent_2$ 中，投资者对风险资产 3 的投资者情绪从 -1 逐步增加到 1（对风险资产 1、风险资产 2 的投资者情绪不变），此时投资者对风险资产 3 的投资金额比例从 0.1013 逐步增加到 0.4905。由于当前行为金融对本土偏好的解释：信息幻觉、熟悉性与控制力幻觉、过度乐观态度与一厢情愿思维及口碑传播效应都将导致投资者对本国、本地的公司产生较高的投资者情绪，而高涨的投资者情绪将导致投资者持有更多这些公司的股票。这就从投资者情绪的角度对本土偏好金融市场异象给出了有效解释。

另一方面，与有卖空限制的表 5 - 3 比较发现，在 $sent_2$ 状态时，投资者对风险资产 1 出现卖空。表 5 - 4 中风险资产 1 的投资比例为 -0.0818；而表 5 - 3 中风险资产 1 的投资比例为 0。可见当允许卖空时，投资者将卖空说得资金用于加大非卖空风险资产的投资。在无卖空限制的表 5 - 4 中，投资者对风险资产 2 的投资比例从卖空限制下的 0.5160（见表 5 - 3）提高到 0.5912，对风险资产 3 的投资比例从卖空限制下的 0.4840（见表 5 - 3）提高到 0.4905。

下面进一步分析资产组合的有效边界曲线。依据有效边界曲线式（5 - 15），上述四种不同投资者情绪状态下的资产组合有效边界曲线如图 5 - 3 所示。

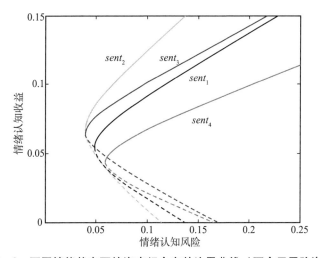

图 5 - 3　不同情绪状态下的资产组合有效边界曲线（不含无风险资产）

图 5-3 显示，资产组合的有效边界曲线与投资者情绪密切相关，投资者情绪越高涨，其资产组合的可行域（双曲线包围的区域）越大。如 $sent_2$ 状态时，投资者对各风险资产的投资者情绪都是四种投资者情绪状态下的最大值，其资产组合有效边界曲线的可行域也是最大的。而 $sent_4$ 状态时，投资者对各风险资产的投资者情绪都是四种投资者情绪状态下的最小值，其资产组合有效边界曲线的可行域也是最小的。而 $sent_3$ 与 $sent_1$ 状态下，投资者对各风险资产的投资者情绪高低互有交错，其资产组合的有效边界曲线也相互交错。总之，图 5-3 表明，资产组合的有效边界曲线随着投资者情绪的高涨（低落）而扩张（缩小）。

总之，本节首先分析了投资者情绪对期望收益、风险的影响，建立了主观认知收益、主观认知风险的计算方法，并且进一步给出了投资者抉择风险资产的准则——投资者情绪认知占优准则。然后，针对是否存在卖空限制，分别构建了基于投资者情绪认知的资产组合模型及卖空限制下基于投资者情绪认知的资产组合模型，并对模型进行了求解与讨论。主要结论如下：

（1）通过构建、求解、分析基于投资者情绪认知的资产组合模型表明：投资者情绪在资产组合分析过程中起了关键的作用，无论是各拟投资风险资产的确定，还是最优资产组合中各风险资产比重的确定，投资者情绪都在其中起了重要的影响。当投资者对某风险资产投资者情绪衰落时，该风险资产成为投资者情绪认知占劣风险资产的可能性增大，从而投资者可能在拟投资风险资产中剔除该风险资产，造成标准金融中的分散风险不足现象出现。当投资者对某拟投资风险资产的投资者情绪逐步高涨时（对其他风险资产投资者情绪不变），其投资于该风险资产的资金将逐步增加。

（2）通过构建、求解、分析无卖空限制的，基于投资者情绪认知的资产组合模型发现：当投资者对某风险资产的投资者情绪逐步高涨时（对其他风险资产投资者情绪不变），其投资于该风险资产的资金将逐步增加；在不存在卖空限制时，投资者对风险资产的资产组合有效边界曲线是一双曲线，且资产组合的有效边界曲线与投资者情绪密切相关，投资者情绪越高涨，其资产组合的可行域（双曲线包围的区域）越大。

5.4 包含无风险资产的基于投资者情绪认知资产组合模型

无风险资产指最终价值没有任何模糊性，标准差为零，并且其收益率与风险资产的收益率之间的协方差为零的风险资产。一般的，到期日和持有期长度相同的国债可视为无风险资产。上一节所讨论的拟投资风险资产都是风险资产，所构建的模型主要分析投资者如何在风险资产间进行投资。本章将考虑投资者在投资者情绪的影响下如何在拟投资风险资产与无风险资产中对各风险资产抉择合适的投资比例以达到有效配置风险资产。

5.4.1 卖空限制下含无风险资产的资产组合模型

现实金融市场中，风险资产往往有着各种卖空条件的限制，但一般的，投资者可以从银行进行借贷，即对无风险资产不存在卖空限制问题。所以，本小节在讨论卖空限制下包含无风险资产的资产组合构建问题时，主要针对分析风险资产的卖空限制。

1. 理论模型构建

投资者通常把短期国债收益率或银行存款利率作为无风险利率，而无需对无风险利率做过多的分析判断。所以，通常投资者对无风险资产的判断不受投资者情绪的影响，但是投资者对风险资产的投资分析将受投资者情绪的影响。记 $w = (w_1, \cdots, w_n)'$ 为风险资产的投资比重列向量，w_i 为风险资产 i 在组合中的比重，$\mu = (\mu_1, \cdots, \mu_n)'$ 为风险资产的期望收益列向量，μ_i 为风险资产 i 的期望收益。w_f 为无风险资产的比重，μ_f 为无风险资产收益（无风险利率），$\Sigma \in R^{n \times n}$ 为风险资产的协方差矩阵（正定矩阵）。由于无风险资产不影响组合的风险，所以投资者对包含无风险资产的资产组合认知风险 σ_{sp}^2、认知收益 R_{sp} 分别为：

$$\sigma_{sp}^2 = w'\left(\sqrt{F}\Sigma\sqrt{F}\right)w$$

$$R_{sp} = w' \lambda_{rs} \mu + w_f \mu_f \tag{5-16}$$

其中，F 为投资者情绪风险影响矩阵，G 为投资者情绪收益影响矩阵，定义如下：

$$F = \begin{pmatrix} f(s_1) & 0 & \cdots & 0 \\ 0 & f(s_2) & \cdots & 0 \\ \vdots & & & \vdots \\ 0 & 0 & \cdots & f(s_n) \end{pmatrix}_{n \times n}, G = \begin{pmatrix} g^{-1}(s_1) & 0 & \cdots & 0 \\ 0 & g^{-1}(s_2) & \cdots & 0 \\ \vdots & & & \vdots \\ 0 & 0 & \cdots & g^{-1}(s_n) \end{pmatrix}_{n \times n}$$

这里，投资者情绪影响函数 $f(\cdot) > 0$、$g(\cdot) > 0$，且都是第 4 章中所讨论的投资者情绪的减函数。投资者的决策是依赖于效用与投资者情绪的 (Zanna & Rempel, 1988)，所以投资者投资的目标是最大化组合的主观认知收益 R_{sp}，最小化组合的主观认知风险 σ_{sp}^2。据此构建卖空限制下，含有无风险资产基于投资者情绪认知的资产组合模型为：

$$\begin{cases} \max\limits_{w} & w'G\mu + w_f \mu_f \\ \min\limits_{w} & \dfrac{1}{2} w' \sqrt{F} \Sigma \sqrt{F} w \\ \text{s. t.} & w'I + w_f = 1 \\ & w_i \geqslant 0, \ i = 1, 2, \cdots, n \end{cases} \tag{5-17}$$

含有无风险资产基于投资者情绪认知的资产组合模型 (5-17) 的解析解是难以求解的，但通过把该双目标规划问题转换为二次规划问题：

$$\begin{cases} \min\limits_{w} & \dfrac{1}{2} \gamma w' \sqrt{F} \Sigma \sqrt{F} w - w'G\mu + w_f \mu_f \\ \text{s. t.} & w'I + w_f = 1 \\ & w_i \geqslant 0, \ i = 1, 2, \cdots, n \end{cases}$$

其中，γ 为个人风险厌恶指标。进一步把第一个约束条件代入目标函数，可以转换为如下二次规划问题：

$$\begin{cases} \min\limits_{w} & \dfrac{1}{2} \gamma w' \sqrt{F} \Sigma \sqrt{F} w - (I\mu_f - G\mu)'w \\ \text{s. t.} & w_i \geqslant 0, \ i = 1, 2, \cdots, n \end{cases} \tag{5-18}$$

模型 (5-18) 其数值解可以通过 Matlab 等数学软件方便的求解。

2. 数值算例

仍采用上一节数值算例的数据，考虑三项风险资产，对各风险资产的期望收益及协方差矩阵分别为：

$$\mu = \begin{pmatrix} 0.0500 \\ 0.1000 \\ 0.2500 \end{pmatrix}, \quad \Sigma = \begin{pmatrix} 0.0025 & 0.0000 & 0.0000 \\ 0.0000 & 0.0400 & 0.0200 \\ 0.0000 & 0.0200 & 0.2500 \end{pmatrix}$$

并且设定投资者的个人风险厌恶指标为 $\gamma = 2.7063$，无风险资产的收益率 $\mu_f = 0.04$，取 $f(s_i) = e^{-0.4S_i}$、$g(s_i) = e^{-0.2S_i}$。分别考虑投资者对各风险资产投资者情绪的如下四种状态：$sent_1 = (0, 0, 0)'$ 表示投资者对前三项风险资产都是理性的；$sent_2 = (1, 1, 1)'$ 表示投资者对前三项风险资产都有相同正的投资者情绪；$sent_3 = (-3, 1, 1)'$ 表示投资者对风险资产 2、风险资产 3 有着较高的投资者情绪 1，而对风险资产 1 的投资者情绪衰落为 -3；$sent_4 = (-1, -1, -1)'$ 表示投资者对所有风险资产的投资者情绪都悲观态度为 -1。把上述各变量数值代入模型（5-17），用 Matlab 软件进行数值计算，即可求解出上述四种情况下的风险资产抉择的最优份额。并进一步按照式（5-16）计算出对应的组合期望收益与主观认知风险，详细最终结果见表 5-5。

表 5-5　含无风险资产的不同投资者情绪状态下风险资产最优抉择（卖空限制）

风险资产比重（份额）	投资者情绪			
	$sent_1 = $ $(0, 0, 0)'$	$sent_2 = $ $(1, 1, 1)'$	$sent_3 = $ $(-3, 1, 1)'$	$sent_4 = $ $(-1, -1, -1)'$
无风险资产	-1.1709	-5.0354	-0.3895	0.5737
风险资产 1	1.4780	4.6459	0.0000	0.0928
风险资产 2	0.4157	0.8744	0.8744	0.1851
风险资产 3	0.2771	0.5151	0.5151	0.1484
比重加总	1	1	1	1
组合期望收益	13.79%	24.71%	20.06%	8.32%
主观认知收益	13.79%	34.64%	24.85%	7.23%
组合标准差	19.02%	41.10%	33.90%	8.94%
主观认知风险	19.02%	33.65%	27.76%	10.92%

表 5-5 显示，当投资者受投资者情绪影响时（$sent_2$、$sent_3$ 和 $sent_4$ 状态），投资者对各风险资产的投资比例与理性状态（$sent_1$）有着很大的不同。具体的，$sent_4$ 状态时，投资者对各风险资产的投资者情绪都低落为 -1，其对无风险资产的投资比例为 0.5737；而在 $sent_1$ 状态时，投资者对各风险资产的投资者情绪都是 0，其对无风险资产的投资比例为 -1.1709；当投资者对风险资产投资者情绪都高涨为 1 时（$sent_2$），其对无风险资产的投资比例缩小到 -5.0354。可见投资者对风险资产的投资者情绪将影响其对无风险资产的投资，即投资者对风险资产总体投资者情绪的高涨将导致其对无风险资产的投资比例减少。

5.4.2 无卖空限制、包含无风险资产的资产组合模型

是否存在卖空限制对投资者构造资产组合有着重大影响。本节将分析不存在卖空限制时，投资者如何在无风险资产与各风险资产间抉择恰当的投资比例以获得令其满意的资产组合。

1. 理论模型构建与求解

模型其他假设及参变量定义，仍如上一小节所示。由上一小节知，此时投资者对含无风险资产的资产组合认知风险 σ_{sp}^2、认知收益 R_{sp} 分别为：

$$\sigma_{sp}^2 = w'(\sqrt{F}\Sigma\sqrt{F})w$$

$$R_{sp} = w'\lambda_{rs}\mu + w_f\mu_f$$

此时，投资者投资的目标是最大化组合的主观认知收益 R_{sp}，最小化组合的主观认知风险 σ_{sp}^2。但由于存在对风险资产的卖空限制，所以此时构建包含无风险资产的基于投资者情绪认知的资产组合模型如下：

$$\begin{cases} \max_w & w'G\mu + w_f\mu_f \\ \min_w & \dfrac{1}{2}w'\sqrt{F}\Sigma\sqrt{F}w \\ \text{s. t.} & w'I + w_f = 1 \end{cases} \qquad (5-19)$$

其中，$I = [1, 1, \cdots, 1]' \in R^n$。含有无风险资产的投资者情绪认知资产组合模型（5-19）中，第一个式子表示投资者目标为最大化组合的主观认知收益，

第二个式子表示投资者目标为最小化组合的主观认知风险，最后一个式子为约束条件，表示投资者对风险资产与无风险资产的投资比重总和为1。

可见，含有无风险资产的投资者情绪认知资产组合模型（5 - 19）是一个多目标规划问题。引入参变量 γ，改写成如下二次规划问题：

$$\begin{cases} \max_{w} & w'G\mu + w_f \mu_f - \dfrac{\gamma}{2} w' \sqrt{F} \Sigma \sqrt{F} w \\ \text{s. t.} & w'I + w_f = 1 \end{cases}$$

记 λ 为拉格朗日常数，应用矩阵论的拉格朗日乘数法有：

$$L = (w_f \mu_f + w'G\mu) - \frac{\gamma}{2} w' \sqrt{F} \Sigma \sqrt{F} w - \lambda(w_f + w'I - 1)$$

取 L 的一阶条件得：

$$\frac{\partial L}{\partial \lambda} = w_f + w'I - 1 = 0 \Rightarrow w'I = 1 - w_f \tag{5-20}$$

$$\frac{\partial L}{\partial w_f} = \mu_f - \lambda = 0 \Rightarrow \lambda = \mu_f \tag{5-21}$$

$$\frac{\partial L}{\partial w} = G\mu - \frac{\gamma}{2}\sqrt{F}\Sigma\sqrt{F}w - \lambda I = 0 \Rightarrow w = \frac{1}{\gamma}(\sqrt{F}\Sigma\sqrt{F})^{-1}(G\mu - \lambda I) \tag{5-22}$$

整理式（5 - 20）、式（5 - 21）、式（5 - 22）得模型（5 - 19）的解为：

$$w = \frac{1}{\gamma}(\sqrt{F}\Sigma\sqrt{F})^{-1}(G\mu - \mu_f I) \tag{5-23}$$

$$w_f = 1 - w'I = 1 - \frac{1}{\gamma}I'(\sqrt{F}\Sigma\sqrt{F})^{-1}(G\mu - \mu_f I) \tag{5-24}$$

其中，参变量 γ 表示投资者对主观认知收益与主观认知风险的权衡，我们仍然称为个人风险厌恶指标。含有无风险资产的投资者情绪认知资产组合模型的解式（5 - 23）、式（5 - 24）表明，投资者对风险资产的投资者情绪不仅影响风险资产的投资比重，也对无风险资产的投资比重产生重要影响。为进一步分析投资者情绪的影响，下面考察组合的有效边界曲线。

2. 组合的有效边界曲线

记 $A = I'(\sqrt{F}\Sigma\sqrt{F})^{-1}I$，$B = I'(\sqrt{F}\Sigma\sqrt{F})^{-1}G\mu$，$C = (G\mu)'(\sqrt{F}\Sigma\sqrt{F})^{-1}G\mu$，由式（5 - 23）、式（5 - 24）知投资者对组合的主观认知收益 R_s、主观认知风险 σ_s 分别为：

$$R_s = w'G\mu + w_f\mu_f = \left[I'(\sqrt{F}\Sigma\sqrt{F})^{-1}(G\mu - \mu_f I)/\gamma \right]'G\mu$$

$$+ \left[1 - I'(\sqrt{F}\Sigma\sqrt{F})^{-1}(G\mu - \mu_f I)/\gamma \right]\mu_f$$

$$= \frac{1}{\gamma}(G\mu)'(\sqrt{F}\Sigma\sqrt{F})^{-1}G\mu - \frac{1}{\gamma}\mu_f(G\mu)'(\sqrt{F}\Sigma\sqrt{F})^{-1}I\mu_f$$

$$+ \mu_f - \frac{1}{\gamma}\mu_f I'(\sqrt{F}\Sigma\sqrt{F})^{-1}G\mu + \mu_f^2 I'(\sqrt{F}\Sigma\sqrt{F})^{-1}I$$

$$= \mu_f + \frac{1}{\gamma}(\mu_f^2 A - 2\mu_f B + C)$$

$$\sigma_s^2 = \frac{1}{\gamma}w'(\sqrt{F}\Sigma\sqrt{F})(\sqrt{F}\Sigma\sqrt{F})^{-1}(G\mu - \mu_f I) = \frac{1}{\gamma}(w'G\mu - \mu_f w'I)$$

$$= \frac{1}{\gamma^2}\left[(G\mu)'(\sqrt{F}\Sigma\sqrt{F})^{-1}(G\mu - \mu_f I) - \mu_f I'(\sqrt{F}\Sigma\sqrt{F})^{-1}(G\mu - \mu_f I) \right]$$

$$= \frac{1}{\gamma^2}\left[(G\mu)'(\sqrt{F}\Sigma\sqrt{F})^{-1}G\mu - \mu_f(G\mu)'(\sqrt{F}\Sigma\sqrt{F})^{-1}I \right.$$

$$\left. - \mu_f I'(\sqrt{F}\Sigma\sqrt{F})^{-1}G\mu + \mu_f^2 I'(\sqrt{F}\Sigma\sqrt{F})^{-1}I \right]$$

$$= \frac{1}{\gamma^2}(\mu_f^2 A - 2\mu_f B + C)$$

记 $K = \mu_f^2 A - 2\mu_f B + C$ 则，在上面两个式子中消去参变量 γ 得：

$$K \times \sigma_s^2 = (R_s - \mu_f)^2$$

即：

$$R_s = \sqrt{K} \times \sigma_s + \mu_f \qquad (5-25)$$

式（5-25）表明含有无风险资产的投资者情绪认知资产组合有效边界曲线为主观认知风险 σ_s、主观认知收益 R_s 平面上的一条直线。由于参变量 A、B、C 都是投资者情绪的函数，与标准金融理论不同，投资者情绪金融市场中含有无风险资产的资产组合有效边界曲线的斜率将受投资者情绪的控制。只考虑市场投资者情绪，即投资者对所有风险资产有相同的投资者情绪 s 时，由于协方差矩阵 Σ 是正定的，投资者情绪影响函数 f、g 大于零，且都是投资者情绪 s 的减函数，所以：

$$\frac{d(\sqrt{K})}{ds} = \frac{1}{2\sqrt{K}} \times \frac{dK}{ds} = \frac{1}{2\sqrt{K}}\left[-f^{-1}(s)f'(s) \times K - 2g^{-1}(s)g'(s)(C - B\mu_f) \right] > 0$$

上式表明，当其他因子不变时，含有无风险资产的资产组合有效边界曲线的斜率随着投资者情绪的增大而增加。

为更直观的考察投资者情绪的影响，下一小节将给出一个具体数值算例。

3. 数值算例

假设有三项风险资产，各风险资产的期望收益及协方差矩阵分别为：

$$\mu = \begin{pmatrix} 0.0500 \\ 0.1000 \\ 0.2500 \end{pmatrix}, \quad \Sigma = \begin{pmatrix} 0.0025 & 0.0000 & 0.0000 \\ 0.0000 & 0.0400 & 0.0200 \\ 0.0000 & 0.0200 & 0.2500 \end{pmatrix}$$

并且设定投资者的个人风险厌恶指标为 $\gamma = 2.7063$，无风险资产的收益率 $\mu_f = 0.04$，取 $f(s_i) = e^{-0.4S_i}$、$g(s_i) = e^{-0.2S_i}$。分别考虑投资者对各风险资产投资者情绪的如下四种状态：$sent_1 = (0, 0, 0)'$ 表示投资者对前三项风险资产都是理性的；$sent_2 = (1, 1, 1)'$ 表示投资者对前三项风险资产都有相同正的投资者情绪；$sent_3 = (-3, 1, 1)'$ 表示投资者对风险资产 2、风险资产 3 有着较高的投资者情绪 1、而对风险资产 1 的投资者情绪衰落为 -3；$sent_4 = (-1, -1, -1)'$ 表示投资者对所有风险资产的投资者情绪都悲观态度为 -1。把上述各变量数值代入式（5 - 23）、式（5 - 24），即可计算出上述四种情况下的风险资产抉择的最优份额。并进一步按照式（5 - 16）计算出对应的组合期望收益与主观认知风险，详细最终结果见表 5 - 6。

表 5 - 6　含无风险资产的不同投资者情绪状态下风险资产最优抉择（无卖空限制）

风险资产比重（份额）	投资者情绪			
	$sent_1 =$ $(0, 0, 0)'$	$sent_2 =$ $(1, 1, 1)'$	$sent_3 =$ $(-3, 1, 1)'$	$sent_4 =$ $(-1, -1, -1)'$
无风险资产	- 1.1709	- 5.0354	0.1696	0.5737
风险资产 1	1.4780	4.6459	- 0.5591	0.0928
风险资产 2	0.4157	0.8744	0.8744	0.1851
风险资产 3	0.2771	0.5151	0.5151	0.1484
比重加总	1	1	1	1
组合期望收益	13.79%	24.71%	19.51%	8.32%
主观认知收益	13.79%	34.64%	25.55%	7.23%

续表

风险资产比重（份额）	投资者情绪			
	$sent_1 =$ $(0, 0, 0)'$	$sent_2 =$ $(1, 1, 1)'$	$sent_3 =$ $(-3, 1, 1)'$	$sent_4 =$ $(-1, -1, -1)'$
组合标准差	19.02%	41.10%	34.02%	8.94%
主观认知风险	19.02%	33.65%	28.22%	10.92%

表 5-6 显示，当投资者受投资者情绪影响时（$sent_2$、$sent_3$ 和 $sent_4$ 状态），投资者对各风险资产的投资比例与理性状态（$sent_1$）有着很大的不同。具体的，$sent_4$ 状态时，投资者对各风险资产的投资者情绪都低落为 -1，其对无风险资产的投资比例为 0.5737；而在 $sent_1$ 状态时，投资者对各风险资产的投资者情绪都是 0，其对无风险资产的投资比例为 -1.1709；当投资者对风险资产投资者情绪都高涨为 1 时（$sent_2$），其对无风险资产的投资比例缩小到 -5.0354。可见，投资者对风险资产总体投资者情绪的高涨将导致其对无风险资产的投资比例减少。而这正是本书在第 4 章解释"资金搬家"现象的出发点，表明基于投资者情绪认知的含无风险资产的资产组合模型可以有效解释"风险资产搬家"现象。

另外，对比 $sent_2$ 与 $sent_3$，投资者对风险资产 1 的投资者情绪从 1 降到 -3，其构建的组合中，对风险资产 1 的投资比例也从 4.6459 降到 -0.5591，表明投资者对风险资产 i 的投资者情绪高昂（低落）将使得其对该风险资产的投资比例增加（减少）。特别的，对比表 5-5 与表 5-6。在风险资产不存在卖空的情况时，表 5-5 和表 5-6 的数值是一致的。然而，在风险资产不存在卖空限制的表 5-5 的 $sent_3$ 投资者情绪状态中，投资者对风险资产 1 持悲观态度，其投资比例为 -0.5591；而在风险资产存在卖空限制的表 5-6 的 $sent_3$ 投资者情绪状态中，投资者将直接取消对风险资产 1 的投资，从而使得对无风险资产的投资从表 5-6 中的 0.1696 变为表 5-5 中的 -0.3895。即在限制卖空风险资产的情况下，投资者将把原来卖空风险资产的份额改为从无风险借款中获得。

下面我们分析资产组合的有效边界曲线。按基于投资者情绪认知的含有无风险资产最优资产组合模型（5-19）及有效边界曲线式（5-25），投资者在不同投资者情绪状态下风险资产配置有效边界曲线见图 5-4。

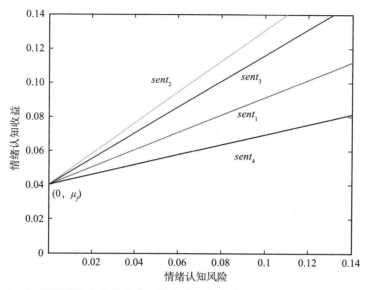

图 5 - 4 不同投资者情绪状态下的资产组合有效边界曲线（含无风险资产）

在图 5 - 4 中，$sent_4$ 对各风险资产的投资者情绪都是正的且数值最大，其对应有效边界曲线斜率也最大；各投资者情绪状态对比发现，投资者情绪越高涨，则资产组合的有效边界曲线斜率越大；比较含投资者情绪的投资者的资产组合有效边界曲线与理性的投资者（$sent_1$）的资产组合有效边界曲线发现，二者由于投资者情绪的差异而产生很大的不同，投资者情绪是控制资产组合有效边界曲线的重要因子。总之，与标准金融理论中只有唯一的资产组合有效边界曲线不同，对投资者个人而言，不同的投资者情绪将导致投资者产生不同的资产组合有效边界曲线；对市场整体而言，不同的市场状态下，投资者情绪的不同也将导致不同的资产组合有效边界曲线。投资者情绪是影响资产组合有效边界曲线的重要因子，投资者情绪的高涨（低落）将导致有效边界曲线的斜率增大（减小）。

5.5 本 章 小 结

本章从现实金融市场背景出发，基于心理及行为学对投资者情绪的研究最终结果，通过研究金融市场中的投资者情绪对投资分析的影响，在行为金融框架下对投资者如何进行有效的风险资产配置进行描述。基于投资者情绪的分析，防止了众多投资者心理认知偏差的讨论，更易于在行为金融领域给出金融市场分析的统一框架。本章主要进行了如下三方面的探讨：

第一，通过对心理及行为学研究的总结，摒弃了之前行为金融基于投资者心理的自下而上的收益、风险定义方式，给出了金融市场上基于投资者情绪的主观认知收益、主观认知风险的定义方式。并且进一步研究表明，投资者基于投资者情绪认知，在构建资产组合过程中将在候选风险资产中剔除掉"不满意"（投资者情绪认知占劣）的风险资产。而斯坦德曼等（Statman et al.，2008）的实验表明现实金融市场中，投资者对大量风险资产的认知都是投资者情绪认知占劣风险资产。所以，应用本书的资产组合分析知，现实金融市场中投资者将剔除大量"不满意"风险资产，而只投资于少量"满意"（非投资者情绪认知占劣）风险资产，从而有效解释了分散风险不足现象。

第二，为了确定投资者在各拟投资风险资产的投资比例，达到有效配置风险资产的目的，本书对外生的投资者情绪构建了基于投资者情绪认知的风险资产的资产组合模型，并对其是否存在卖空限制进行了讨论。本章对存在卖空限制的资产组合模型求数值解及进行数值算例，对无卖空限制的资产组合模型求出了解析解及有效边界曲线方程。最终结果表明：一般的，当投资者对某风险资产的投资者情绪逐步高涨时（对其他风险资产投资者情绪不变），其投资于该风险资产的资金将逐步增加。这一结论有效地从投资者情绪角度解释了本土偏好现象，即在不存在卖空限制时，投资者对风险资产的资产组合有效边界曲线是一双曲线，且资产组合的有效边界曲线与投资者情绪密切相关，投资者情绪越高涨，其资产组合的可行域（双曲线包围的区域）越大。

第三，分析了投资者如何基于投资者情绪认知在无风险资产与各拟投资风险资产间抉择恰当的投资比例，以获得令其满意的资产组合的问题。分别考虑是否存在卖空限制，构建了存在卖空限制及无卖空限制的资产组合模型的资产组合模型。并对存在卖空限制的资产组合模型求数值解及进行数值算例。对无卖空限制的资产组合模型求出了解析解及有效边界曲线方程，最终结果表明：投资者对风险资产的投资者情绪是影响各风险资产（包括无风险资产）投资的重要系统性因子，投资者对风险资产投资者情绪高昂，将导致其对无风险资产的投资比例下降，以此从投资者情绪的角度对"资金搬家"现象给出有效解释。并且，本章分析表明，卖空限制下，含有无风险资产的资产组合有效边界曲线是一条直线，且该直线的斜率随着投资者情绪的增大而增加。

第 6 章

基于投资者情绪离差价值的资产组合模型

本书在第 5 章中，主要基于对称度量风险——方差，来对主观认知风险进行分析。现实金融市场中，投资者更多地把低于预期收益的部分称为风险。所以，本章把第 5 章中基于对称风险判断的方差度量方法扩展为非对称度量风险方法——下半绝对离差价值度量风险方法。并且基于这一非对称度量风险方法，构建资产组合模型，进一步对 $1/n$ 规则的理论依据进行分析。

资产组合领域启发式决策或拇指规则——$1/n$ 规则，指投资者在各项拟投资风险资产中划分相同的投资份额。$1/n$ 规则是资产组合领域一个非常普遍的启发式决策或拇指规则（经验规则）。大约在 4 世纪的时候，《塔木德》一书中有一段关于资产配置的描述就提出了如下风险资产配置方案："人们应该把他（她）的财富分为三等份，1/3 投资于土地，1/3 投资于商品货物，剩余的 1/3 作为流动资金"[①]。在 TIAA（债券）和 CREF（股票）的投资者中，大部分投资者采用 5 - 5 均分原则，且大约半数的投资者在新基金配置中也采用这一原则（Samuelson & Zeckhauser，1988）。随之而来的问题是：启发式决策——$1/n$ 规则是资产组合理论最优化的最终结果吗？以马科维茨（Markowitz，1952）的收益 - 风险（M-V，mean-VaR 即均值 - 方差）资产

---

① 《塔木德》是一部集宗教、律法、处世和经商法则的伟大经典，由 2000 多位犹太学者合著而成，是犹太人生活中除了《塔纳赫》之外最重要的典籍。http：//www. ximalaya. com/shan yye//10600563/51339312。

组合理论为标准的金融资产组合理论体系给出的是否定的结论，认为只有充分分散的投资才能达到最优化的最终结果。而且，当前的研究也大多把启发式决策——$1/n$ 规则认为是分散风险不足的表现，是天真（幼稚）的分散投资策略，有很大认知偏差达不到最优化最终结果（Thaler，2005；Shefrin，2010）。如果这一判断是正确的，那么为什么现实金融市场上仍有众多投资者依据这一拇指规则进行投资？甚至于现代资产组合理论的奠基人马科维茨（Markowitz）也在实际中应用 $1/n$ 规则，有学者记录了马科维茨（Markowitz）当时的投资细节"我（马科维茨）更关注于最小化未来的后悔投资者情绪，所以把投资资金五五均分投资于债券与证券"（Zweig，1998）。

理论与现实的差异引起了研究者对这一问题的关注。有学者通过 $1/n$ 规则与 M-V 模型等 14 个理论模型进行比较（DeMiguel et al.，2009），最终结果发现在夏普率指标、确定性等价收益率指标（certainty-equivalent return）、换手率指标三方面，理论模型的最优化分散投资的最终结果都没有显著地超过 $1/n$ 规则。也就是说，$1/n$ 规则投资策略简单易行、效果不差，这或许正是众多投资者采用 $1/n$ 规则进行投资的原因。

本章将基于投资者情绪在下半绝对离差价值度量风险方法下，构建资产组合模型，对 $1/n$ 规则的理论依据进行分析。首先，为了使投资者对投资价值的判断符合投资者心理，本章将建立投资者情绪价值函数曲线并分析其性质。然后，通过对风险资产相关性与独立性的分别讨论，构建基于投资者情绪离差价值的 C-M（correlation model）模型与 I-M（independence model）模型，并进一步求解 C-M 模型与 I-M 模型。模型比较发现，当风险资产相关时，C-M 模型的解与传统资产组合的解类似，都是充分分散化的最终结果。而当风险资产相互独立时，I-M 模型的最终结果可以接近甚至于达到 $1/n$ 规则。也就是说，风险资产独立性是产生 $1/n$ 投资策略的关键影响因子。启发式决策——$1/n$ 规则是可以接近甚至达到最优化最终结果的，这表明 $1/n$ 规则并不是有很大认知偏差的经验性规则，而是有着最优化理论依据的规则；这一投资者经验的总结正是（或接近）最优化的最终结果。

6.1 基于投资者情绪的价值函数曲线修正

6.1.1 价值函数曲线

行为金融学应用广泛的偏好理论——展望理论（prospect theory）认为决策者不再以财富的绝对财富作为价值的度量，而是以财富的变化作为价值的度量，决策者将各种可能的决策最终结果编辑为相对于一个参考原点（reference point）的利得（gains）或者损失（losses）（Kahneman & Tversky，1979）。他们提出了一个如图 6 - 1 所示的价值函数曲线（value function）来测量相对于参考原点的利得和损失。

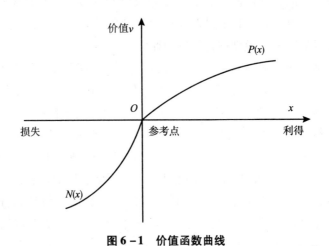

图 6 - 1 价值函数曲线

一般的，不妨假设价值函数曲线 $v(x)$ 为如下分段函数：

$$v(x) = \begin{cases} P(x), & x > 0 \\ 0, & x = 0 \\ N(x), & x < 0 \end{cases} \tag{6 - 1}$$

价值函数曲线表现了决策中三个显著的心理特征：第一，价值函数曲线以

财富相对于参考点的变化作为财富价值的度量，表明决策者关注的不仅是财富水平。第二，价值函数曲线为 S 型函数，面对利得（$x>0$）和损失（$x<0$）时凸性不同。在利得区域，价值函数曲线是凹的，表明此时决策者是风险规避（risk averse）的；在损失区域，价值函数曲线是凸的，表明此时决策者是风险追求（risk seeking）的。即：当 $x>0$ 时，$v''(x)<0$；当 $x<0$ 时，$v''(x)>0$。第三，价值函数曲线在损失区域的斜率比利得区域的斜率陡，即 $0<v'(x)\big|_{x=x_0}<v'(x)\big|_{x=-x_0}$，$x_0>0$。总之，价值函数曲线的定义与心理及行为学实证最终结果是一致的，人们愿意在损失情况下参与赌博，而对于损失的反应比对同等大小赢得的反应更为激烈，即 $v(x_0)<-v(-x_0)$，$x_0>0$。损失一笔钱所带来的不快通常比赢得同样大小的一笔钱所带来的快感更大。

6.1.2　投资者情绪价值函数曲线

行为金融学主要应用心理科学的研究成果来刻画投资者非理性行为对金融市场的影响。行为金融学对理性假设修正的主要出发点可以分为基于偏好的模型和基于信念的模型。在基于偏好的讨论中，饶育蕾（2005）引入心理账户对展望理论的价值函数曲线进行了修正。然而，基于偏好的行为金融模型往往只关注各种市场异常现象的单独确认和异常解释，从而造成了现有模型的分散、无逻辑和内涵模糊问题（宋军和吴冲锋，2008）。基于信念的模型主要应用的心理及行为学基础是情感心理及行为学和认知方式及认知偏差。近年来，投资者信念的表现——投资者情绪，成为行为金融的研究热点，投资者情绪指投资者基于对风险资产未来现金流和投资风险的预期而形成的一种信念（Baker & Wurgler，2006）。本书为基于投资者情绪的行为金融学探讨，所以本节首先通过引入外生的投资者情绪对价值函数曲线进行修正，以使投资者对财富价值的判断更符合现实金融市场的实际情形。

心理及行为学研究（Wright & Bower，1992）表明有正面投资者情绪的人会做出乐观态度的判断和抉择，而有负面投资者情绪的人更倾向于做出悲观态度的判断和抉择。体现在金融市场上将表现为：当投资者乐观态度时将高估财富的价值，当投资者悲观态度时将低估财富的价值。所以，记 $v(x)$ 是卡尼曼和特沃斯基（Kahneman & Tversky，1979）定义的价值函数曲线，则投资者受其情绪的影响必将对价值产生新的估计，不妨记此时新的价值函数曲线（称为投资者情绪价值函数曲线）为：

$$v_s(x) = S(s) \times v(x) \qquad (6-2)$$

其中，$S(s)$ 称为投资者情绪影响函数，由于投资者乐观态度（悲观态度）时将高估（低估）财富的价值，考虑到标准的价值函数曲线 $v(x)$ 为式（6-1）的分段函数形式，所以投资者情绪影响函数 $S(s)$ 也应是财富变化 x 的分段函数：

$$S(s) = \begin{cases} f(s), & x \geq 0 \\ g(s), & x \leq 0 \end{cases}$$

其中，$f(s) > 0$ 为 s 的单调增函数，$g(s) > 0$ 为 s 的单调增函数，且分别满足：

$$f(s): \begin{cases} f(s) > 1, & s > 0 \\ f(s) = 1, & s = 0 \\ f(s) < 1, & s < 0 \end{cases} \qquad (6-3)$$

$$g(s): \begin{cases} g(s) < 1, & s > 0 \\ g(s) = 1, & s = 0 \\ g(s) > 1, & s < 0 \end{cases} \qquad (6-4)$$

即当投资者乐观态度（$s > 0$）时，$f(s) > 1$、$g(s) < 1$ 表明投资者将高估财富的价值。同样当投资者悲观态度（$s < 0$）时，$f(s) < 1$、$g(s) > 1$ 表明投资者将低估财富的价值。而当投资者不受投资者情绪影响（$s = 0$）时，$f(s) = g(s) = 1$ 表明投资者此时的价值函数曲线退化标准的价值函数曲线。总之，对外生的投资者情绪 s，定义投资者情绪价值函数曲线 $v_s(x)$ 为：

$$v_s(x) = \begin{cases} f(s)P(x), & x > 0 \\ 0, & x = 0 \\ g(s)N(x), & x < 0 \end{cases} \qquad (6-5)$$

其中，f、g 分别为式（6-3）、式（6-4）所定义，P、N 为式（6-1）所定义。由于投资者情绪是外生的，f、g 都大于 0，所以投资者情绪价值函数曲线将严格保持价值函数曲线表现的决策中三个显著的心理特征：第一，投资者情绪价值函数曲线表明决策者关注的不仅是财富水平，更关注财富的变化水平。第二，价值函数曲线在利得区域是凹的，在损失区域是凸的，即当 $x > 0$ 时，$v_s''(x) < 0$；当 $x < 0$ 时，$v_s''(x) > 0$。一般情况下，投资者情绪价值函数曲线仍保持价值函数曲线的第三个心理特征。第三，价值函数曲线在损失区域的斜率比利得区域的斜率陡，$0 < v_s'(x)\big|_{x = x_0} < v_s'(x)\big|_{x = -x_0}$，$x_0 > 0$。

但是当投资者情绪乐观态度时，由于 $f>1>g>0$，所以如果投资者情绪 s 足够大，则可能出现 $v'_s(x)|_{x=x_0}=f(s)v'(x)|_{x=x_0}$ 大于 $g(s)v'(x)|_{x=-x_0}=v'_s(x)|_{x=-x_0}$ 的情形，此时价值函数曲线第三个心理特征将不再得到保持。同理，一般情况下，投资者情绪价值函数曲线与标准价值函数曲线同样表明投资者对于损失的反应比对同等大小赢得的反应更为激烈，即当 $x_0>0$，$v_s(x_0)<-v_s(-x_0)$；但是当投资者高度乐观态度，$x_0>0$ 时，$v_s(x_0)=f(s)P(x_0)$，$-v_s(-x_0)=-g(s)\times N(-x_0)$，虽然 $P(x_0)<-N(-x_0)$，但是当乐观态度程度足够大，$f(s)\gg g(s)$，则可以导致 $v_s(x_0)>-v_s(-x_0)$。即当投资者高度乐观态度时，将导致投资者对于利得的反应比对同等大小损失的反应更为激烈，也就是说投资者在高度乐观态度投资者情绪的影响下，将不再关注损失，损失一笔钱所带来的不快会被高度乐观态度的投资者情绪抵消，损失一笔钱所带来的不快，将不如赢得同样大小的一笔钱所带来的快感更大。

总之，在标准的价值函数曲线中引入外生的投资者情绪影响，形成的投资者情绪价值函数曲线在一般情况下与标准的价值函数曲线性质是一致的，表现了投资者的普遍心理特征。并且，投资者情绪价值函数曲线扩展了标准价值函数曲线的定义，使得在投资者高度乐观态度的情况下，财富的价值判断仍符合投资者在这一特殊情况下的心理特征。

6.2 基于投资者情绪离差价值的资产组合模型

6.2.1 理论模型构建

传统的 M-V 资产组合模型（4-1）以最大化收益，最小化方差为投资目标。方差度量风险是假定正、负认知偏差之间是对称的。然而，从心理及行为学的角度，风险资产的损失与利得对风险的贡献是不同的。高于参考点的超额收益实际上是投资者所喜好的，而在 M-V 模型中却被当作风险来处理。一个更确切的风险刻画是下半绝对离差（Mansini & Speranza，1999），其定义为：

$$\frac{1}{T}\sum_{t=1}^{T}\left|\min\left\{0,\ \sum_{i=1}^{m}(\mu_{it}-\bar{\mu}_i)w_i\right\}\right|$$

其中，w_i 为风险资产 i 在组合中的比重，μ_{it} 为风险资产 i 在时刻 t 的收益，$\bar{\mu}_i$ 为风险资产 i 的平均收益。均值—下半绝对离差模型虽然能较好地刻画投资者仅依赖损失来判断风险的心理，但其没有从投资价值的角度进行投资分析，不能刻画投资者的认知偏误与情感特征。从而导致均值—下半绝对离差模型往往只能在理论上给出优美的最终结果，而在实践中脱离现实市场状况，难以对金融市场异象进行有效解释。

事实上，大量的心理及行为学研究（Loomes & Sugden，1986；Mellers et al.，1999）及实证研究（Burdekin & Redfern，2009；Morse & Shive，2011）表明投资者情绪是影响投资者进行风险资产抉择分析的重要因子。所以，我们提出以投资者情绪价值函数曲线对各风险资产及组合的投资价值进行度量，并对资产组合进行分析。

投资者对风险资产的投资分析往往关注于投资的收益率，并要求收益率达到某个参考值。例如一般情况下，投资者要求风险资产的投资收益 μ 高于无风险利率 μ_f，当风险资产的投资收益 μ 小于 μ_f 时（尽管 μ 可能大于零），投资者将认为该投资的价值是负的；只有风险资产的投资收益 μ 大于 μ_f 时，投资者才认为该投资的价值是正的。也就是说，此时无风险利率 μ_f 就是价值函数曲线的参考点。所以，不妨设参考点为 A，μ 为投资的收益率，则投资者对该投资的价值度量为：$v_s(\mu-A)$。

投资者构建资产组合的目的是使组合的期望价值最大，而风险最小。资产组合的期望价值为：$\frac{1}{T}\sum_{t=1}^{T}\sum_{i=1}^{m}v_s(\mu_{it}-A)\times w_i$。投资者对组合风险的判断依赖于下半投资者情绪价值绝对离差，可能出现如下两种情况：第一，当投资者系统的分析组合整体，考虑到各风险资产的相关性时，组合风险为各风险资产按投资比例构建组合后的风险判断 $\frac{1}{T}\sum_{t=1}^{T}\left|\min\left\{\sum_{i=1}^{m}v_s(\mu_{it}-A)w_i,\ 0\right\}\right|$。第二，当投资者是有限理性的，其忽略各风险资产的相关性时，将以各风险资产独立风险的线性组合 $\frac{1}{T}\sum_{t=1}^{T}\sum_{i=1}^{m}\left|\min\left\{v_s(\mu_{it}-A),\ 0\right\}\right|w_i$，作为组合风险。

假设 1，2，…，T 期的各风险资产在各时刻收益率信息是公开的。投资

者在第 T 期时构建资产组合以使 $T+1$ 期时获得满意的回报。并且，投资者以最大化组合的投资者情绪价值及最小化组合的下半投资者情绪价值绝对离差为目标，按投资者是否考虑组合中各风险资产的相关性，分别构建如下基于投资者情绪离差价值的资产组合模型：

$$
\text{(C-M)}\begin{cases}
\max & \dfrac{1}{T}\sum_{t=1}^{T}\sum_{i=1}^{m}v_s(\mu_{it}-A)\times w_i \\[2ex]
\min & \dfrac{1}{T}\sum_{t=1}^{T}\left|\min\{\sum_{i=1}^{m}v_s(\mu_{it}-A)w_i,\ 0\}\right| \\[2ex]
\text{s. t.} & \sum_{i=1}^{m}w_i=1
\end{cases} \tag{6-6}
$$

$$
\text{(I-M)}\begin{cases}
\max & \dfrac{1}{T}\sum_{t=1}^{T}\sum_{i=1}^{m}v_s(\mu_{it}-A)\times w_i \\[2ex]
\min & \dfrac{1}{T}\sum_{t=1}^{T}\sum_{i=1}^{m}\left|\min\{v_s(\mu_{it}-A),\ 0\}\right|w_i \\[2ex]
\text{s. t.} & \sum_{i=1}^{m}w_i=1
\end{cases} \tag{6-7}
$$

C-M（correlation model）模型（6-6），及 I-M（independence model）模型（6-7）的约束条件 $\sum_{i=1}^{m}w_i=1$ 表示投资者所有投资财富总和单位化为 1。

6.2.2 模型求解及现实意义

基于投资者情绪离差价值的 C-M 模型（6-6）及 I-M 模型（6-7）属于双目标的非线性规划问题，但可以通过转换成线性规划问题求解。对 C-M 模型（6-6），可方便地转换成线性规划模型（6-8）来求解：

$$
\begin{cases}
\max & \dfrac{1}{T}\sum_{t=1}^{T}\sum_{i=1}^{m}v_s(\mu_{it}-A)\times w_i-\gamma\times\dfrac{1}{T}\sum_{t=1}^{T}y_t \\[2ex]
\text{s. t.} & y_t+\sum_{i=1}^{m}v_s(\mu_{it}-A)\times w_i\geqslant 0 \\[2ex]
& \sum_{i=1}^{m}w_i=1
\end{cases} \tag{6-8}
$$

其中，$\gamma>0$ 为投资者对投资价值与风险的权衡，可称之为个人风险厌恶指标。通过 Matlab 编程计算，易对模型（6-8）进行求解，找到最优组合中各风险资产的投资比例。最终结果表明，考虑各单项风险资产间的相关性构建的 C-M 模型与传统资产组合模型的优化最终结果类似：初始资金是按最优解的充分分散化投资比例进行合理分配的。

对 I-M 模型（6-7），可以转换成如下线性规划模型：

$$
\begin{cases}
\max \quad \dfrac{1}{T}\sum_{t=1}^{T}\sum_{i=1}^{m}v_s(\mu_{it}-A)\times w_i + \gamma \times \dfrac{1}{T}\sum_{t=1}^{T}\sum_{i=1}^{m}\min\{v_s(\mu_{it}-A),\,0\}w_i \\
\text{s. t.} \quad \sum_{i=1}^{m}w_i = 1
\end{cases}
$$

$$(6-9)$$

记 $V_s = (V_{s1},\ V_{s2},\ \cdots,\ V_{sm})'$，$V_s^- = (V_{s1}^-,\ V_{s2}^-,\ \cdots,\ V_{sm}^-)'$。其中 $V_{si} = \dfrac{1}{T}\sum_{t=1}^{T}v_s(\mu_{it}-A)$，表示风险资产 i 的价值均值；$V_{si}^- = \dfrac{1}{T}\sum_{t=1}^{T}\min\{v_s(\mu_{it}-A),\,0\}$，表示风险资产 i 的负向价值均值。则模型（6-9）可进一步改写为：

$$
\begin{cases}
\max \quad w'(V_s + \gamma \times V_s^-) \\
\text{s. t.} \quad w'I = 1
\end{cases}
$$

其中，$w = (w_1,\ \cdots,\ w_m)'$ 为风险资产的比重列向量。记 $z_j = V_{sj} - \gamma V_{sj}^-$，$Z = (z_1,\ z_2,\ \cdots,\ z_m)'$，这里序号 j 为按 $z_1,\ z_2,\ \cdots,\ z_m$ 从大到小排序后的最终结果（由于该排序过程表现了投资者心理、投资者情绪的影响，不妨称该排序为投资者按"满意"程度排序），且 $w = (w_1,\ \cdots,\ w_m)'$ 也重新按 z_j 大小构建的次序排序。所以进而把模型（6-9）改写为：

$$
\begin{cases}
\max \quad w'Z \\
\text{s. t.} \quad w'I = 1
\end{cases}
\qquad (6-10)
$$

显然，模型（6-10）的目标函数是线性函数，且在数学上模型（6-10）是无解的。因为此时在风险资产 1 上的投资比例越高，目标函数的值就越大，即目标函数不存在最大值。但是，现实金融市场上，往往有卖空限制及最大投资比例限制：如在中国规定一只基金只能持有一家上市公司的股票且不能超过该基金风险资产净值的10%。所以我们增加约束：$0 \leqslant w_j \leqslant u_j \leqslant 1$。其中，$u_j$ 表示风险资产 j 的最大投资比例，则通过模型（6-10）可以求出 I-M 模型（6-7）增加约束后的解。此时，必然存在整数 n，使得 $u_1 + u_2 + \cdots + u_n \leqslant 1$，而 $u_1 + u_2 + \cdots + u_{n+1} > 1$。按"满意"程度对风险资产进行排序后，投资者将按最高限额投资比例投资于风险资产 1，2，$\cdots$，n，把 $1-(u_1 + u_2 + \cdots + u_n)$ 的投资份额投资于风险资产 $n+1$，其余风险资产的投资比例为零。也就是说，投资者将按"满意"程度排序后风险资产的次序，先按最高投资比例 u_1 投资于风险资产 1，然后把剩余风险资产投资于风险资产 2；如果在最大投资比例限制 u_2 下仍有风险资产剩余，则把剩余风险资产投资于风险资产 3；如此类推，直至把所有初始资金投资完。总之，在 I-M 模型（6-7）中，投资者不考虑各风险资产间的相关性时，将只投资于有限的、按"满意"程度排序靠前的几项风险资产。

为了进一步理解本书基于投资者情绪离差价值的资产组合模型——C-M 模型（6-6）及 I-M 模型（6-7）的刻画，下面我们将讨论投资者情绪在基于投资者情绪离差价值的资产组合模型中的作用。基于投资者情绪离差价值的资产组合模型——C-M 模型（6-6）及 I-M 模型（6-7）都表明投资者情绪是影响投资者进行风险资产抉择的重要因子。投资者情绪的高涨（低落）起到了放大（缩小）认知价值的作用，从而对资产组合产生系统影响。如果不考虑投资者情绪的影响（$s=0$）时，基于投资者情绪离差价值的资产组合分析 C-M 模型（6-6）及 I-M 模型（6-7）将退化成基于收益离差的资产组合模型（如果取参考点 $A = \bar{\mu}_i$，则 C-M 模型退化成曼西尼和斯佩兰扎（Mansini & Speranza，1999）的均值-下半绝对离差模型）。此时模型中将无法分析投资者的认知偏误与情感特征。并且由于信息是公开的，投资者将有相同的收益判断，最终造成所有投资者构造相同的资产组合，这与现实金融市场明显是不吻合的。本书的 C-M 模型（6-6）及 I-M 模型（6-7）引入了投资者情绪价值函数曲线，考虑到不同投资者往往具有不同的认知偏误与情感特征，从而有不同的认知价值，因此导致不同投资者构建不同的资产组合。并且投资者情绪的不同，将对投资价值、风险的判断产生直接影响，从而影响各风险资产的最优投资比例。也就是说，投资者情绪是影响资产组合的重要因子。总之，本书通过定义投资者情绪价值函数曲线，构建的基于投资者情绪离差价值的资产组合 C-M 模型（6-6）及 I-M 模型（6-7）表现了复杂的投资者心理、情感特征，使得资产组合模型更接近于金融市场的现实状况。

其次，我们分析启发式决策——$1/n$ 规则与本书模型间的联系。特沃斯基和卡尼曼（Tversky & Kahneman，1974）认为经济个人在一些模糊环境下进行较为复杂的决策时，往往根据启发式决策或拇指规则形成或更新自己对某件事情的看法。在现实金融市场中，投资者构建资产组合时常用的拇指规则是 $1/n$ 规则：对拟投资的 n 项风险资产，投资者平均分配其初始资金，按各风险资产 $1/n$ 的份额进行投资。传统金融理论认为启发式决策、拇指规则是有很大认知偏差的，难以达到最优化的最终结果。然而，事实上，投资者拟投资的 n 项风险资产，往往是令投资者较"满意"的风险资产。在本书构建的基于投资者情绪离差价值构建的 I-M 模型（6-7）中，当各风险资产 j 的最大投资比例 u_j 相同（相差不大）时，I-M 模型（6-7）的最优最终结果就是（接近）$1/n$ 规则的最终结果：投资者首先按"满意"程度对各风险资产进行排序，然后按 I-M 模型（6-7）的最终结果最大限额投资于排名靠前的 n 项风险资产：当 $u_1 + u_2 + \cdots + u_n \leq 1$，而 $u_1 + u_2 + \cdots + u_{n+1} > 1$ 时，按"满意"程度对风险资产进行排序后，投资者将按最高限额投资比例投资于风险资产 1，2，$\cdots$，n，把 $1 - (u_1 + u_2 + \cdots + u_n)$ 的投资份额投资于风险资产 $n+1$，其余风险资产的投资比例为零。如果各风险资产投资上限 u_j 相同，当前 n 项风险资产的投资刚好把初始资金使用完全，则投资于前 n 项风险资产的各风险资产投资比例将正好是 $1/n$，此时 I-M 模型（6-7）的最优最终结果与 $1/n$ 规则是一致的；当前 n 项风险资产按最高限额投资完全仍有剩余，投资者将把剩余资金投资于第 $n+1$ 项风险资产，此时 I-M 模型（6-7）的最优最终结果是接近 $1/n$ 规则的。如果各风险资产 j 的投资上限 u_j 不相同但相差不大时，I-M 模型（6-7）的最优最终结果与 $1/n$ 规则也是很接近的。所以，从 I-M 模型（6-7）的角度，启发式决策——$1/n$ 规则是（接近）最优化的最终结果。

对比 C-M 模型（6-6）及 I-M 模型（6-7），二者的区别在于是否考虑各风险资产间的独立性。当考虑各项风险资产间的相关性时，C-M 模型（6-6）最终结果是投资充分分散的优化最终结果，这与启发式决策——$1/n$ 规则的最终结果相距甚远；而当独立地分析各项风险资产时，I-M 模型（6-7）最终结果与 $1/n$ 规则的最终结果是很接近的（甚至是一致的）。可见风险资产的独立性是导致启发式决策——$1/n$ 规则为最优化最终结果的关键因子，风险资产的独立性将导致 $1/n$ 规则的最终结果是（接近）最优化最终结果。可见，启发式决策——$1/n$ 规则不仅是投资者为简化投资分析所做的经验性最终结果，也是在各风险资产独立时理论资产组合模型 I-M 模型（6-7）的最优化最终结果。

6.3 模型的实证分析

本书以在上海证券交易所上市的云南板块的股票作为资产组合中的证券风险资产。数据为各股票的日交易数据，时间跨度为 2011 年 1 月 1 日～3 月 31 日，共 58 个日交易样本数据。并要求拟构建组合的各股票风险资产在本书所分析的样本区间没有出现停牌交易日，由此选出 9 只满足条件的股票作为本书实证的候选风险资产用以构建资产组合（具体股票代码见表 6－1）。

表 6－1   按 C-M 模型（6－6）计算的各股票投资比例

指标	股票代码								
	600096	600239	600265	600459	600725	600806	600883	600995	601099
$\gamma = 2$	0.0000	0.1189	0.5000	0.0734	0.1632	0.0321	0.0000	0.0000	0.1124
$\gamma = 3$	0.0000	0.1188	0.5000	0.0672	0.1672	0.0382	0.0000	0.0000	0.1087
$\gamma = 4$	0.0000	0.1146	0.5000	0.0677	0.1728	0.0399	0.0000	0.0000	0.1049

为了简单计算，本书用类似玛吉（Magi，2009）采用的如下简单分段线性函数作为价值函数曲线，并依据特沃斯基和卡尼曼（Tversky & Kahneman，1992）实验研究的最终结果取统计系数为 2.25。进一步简单假设投资者情绪影响函数为指标形式，价值函数曲线参考点为无风险利率 μ_f，构建如下投资者情绪价值函数曲线：

$$v_s(x) = \begin{cases} e^{0.1s_i} \times (\mu_{it} - \mu_f), & \mu_{it} - \mu_f > 0 \\ 0, & \mu_{it} - \mu_f = 0 \\ e^{-0.1s_i} \times 2.25(\mu_{it} - \mu_f), & \mu_{it} - \mu_f < 0 \end{cases} \quad (6-11)$$

其中，s_i 为股票 i 的投资者情绪。为了刻画单只股票投资者情绪，本书采用 B-W 方法来进行单只股票投资者情绪的指标度量，选取的投资者情绪代理指标为：单只股票日收盘价（Cprice）、单只股票日成交量（TVol）、单只股票日 BSI 买卖不均衡指标（BSI）。所以，按 B-W 方法对股票 i 按上述三个变量做主成分分析，所得的第一主成分就是投资者对股票 i 的投资者情绪 s_{it}，其具有如下形式：

$$s_{it} = \alpha_{1,i} \times CPrice_{it} + \alpha_{2,i} \times TVol_{it} + \alpha_{3,i} \times BSI_{it}$$

其中，BSI 买卖不均衡指标通过当日单只股票的高频买卖数据计算而来。各股票投资者情绪的统计系数 α_1、α_2、α_3 由主成分分析的最终结果所确定。

假定投资者在样本区间最后一天（时期 T）进行投资决策，所以其对股票各期价值的判断受到投资者最后一天的投资者情绪所影响，即投资者情绪价值函数曲线（6－11）中的单只股票投资者情绪 s_i 为投资者在第 T 期的投资者情绪 s_{iT}。由于中国股票市场存在卖空限制等约束条件，分别设定各股票的投资上、下限为 0 和 0.5，即 $0 \leqslant w_j \leqslant 0.5$。下面简单考虑个人风险厌恶指标 γ 等于 2、3、4 的情况，通过 Matlab 编程计算，表 6－1 给出了 C-M 模型（6－6）在不同个人的风险厌恶指标下最优资产组合中各股票的投资比例。

当考虑到风险资产的相关性时，投资者将通过 C-M 模型（6－6）构建资产组合。表 6－1 显示，按 C-M 模型（6－6）计算最终结果，由于受到卖空限制，虽然投资者对 600096 等 3 只股票投资比例为零。但投资者在剩余的 6 只股票中，将充分分散其投资，且风险资产的投资比例随着个人风险厌恶指标的不同将要做出一定的调整。

通过 Matlab 编程计算，表 6－2 给出了 I-M 模型（6－7）在不同个人风险厌恶指标下的最优资产组合中各股票的投资比例。

表 6－2　　　　　　　　按 I-M 模型（6－7）计算的各股票投资比例

指标	股票代码								
	600096	600239	600265	600459	600725	600806	600883	600995	601099
$\gamma = 2$	0.5000	0.0000	0.0000	0.0000	0.0000	0.0000	0.5000	0.0000	0.0000
$\gamma = 3$	0.5000	0.0000	0.0000	0.0000	0.0000	0.0000	0.5000	0.0000	0.0000
$\gamma = 4$	0.5000	0.0000	0.0000	0.0000	0.0000	0.0000	0.5000	0.0000	0.0000

当各风险资产独立，即考虑组合的风险只是各风险资产风险的线性组合时，投资者通过 I-M 模型（6－7）构建资产组合。表 6－2 显示，按 I-M 模型（6－7）计算最终结果，投资者将根据其风险厌恶的不同，抉择不同的风险资产，但是对其抉择"满意"风险资产的比例却始终按 $1/n$ 规则进行。例如，当 $\gamma = 2$ 时，投资者"满意"的风险资产为 600096 与 600883，此时投资

者在这两只股票的投资比例都是 50% , 即五五均分原则。当 $\gamma = 3$ 时, 投资者 "满意" 的风险资产虽然变化为 600096 与 600995 , 但投资者将仍按五五均分原则进行投资。总之, 当各风险资产独立时, 投资者将直接根据其对各风险资产的投资者情绪偏好, 抉择出其 "满意" 的风险资产, 然后在这些最满意的风险资产中均分其投资, 从而产生现实金融市场中的经验规则—— $1/n$ 规则。

对比表 6 – 1、表 6 – 2 可以看出, 二者最大的不同在于所依据的模型是否考虑风险资产的相关性。这一差别导致模型所得到最优资产组合最终结果差别很大, 表 6 – 1 中 C-M 模型 (6 – 6) 拟投资的风险资产正是 I-M 模型 (6 – 7) 按 "满意" 程度排序后淘汰的风险资产, 表明是否考虑风险资产的相关性, 将使投资者 "满意" 的风险资产大不相同。而且, 当各风险资产独立时, $1/n$ 规则将与表 6 – 2 根据 I-M 模型 (6 – 7) 计算最终结果一致, 从而表明 $1/n$ 规则可以达到资产组合理论模型的最优化最终结果, 而表 6 – 1 的 C-M 模型 (6 – 6) 考虑了风险资产间的相关性, 其最终结果仍然是充分分散的最优化最终结果。从而表明各风险资产间的独立性是导致投资者组合模型最优化最终结果与 $1/n$ 规则等价的关键因子。

6.4　本章小结

本章构建了考虑风险资产相关性的 C-M 模型及考虑风险资产独立性的 I-M 模型, 并通过模型比较发现启发式决策—— $1/n$ 规则是 (接近) 只考虑风险资产独立性的 I-M 模型的最优化投资最终结果。

本章构建的 C-M 模型及 I-M 模型都是基于投资者情绪离差价值的资产组合模型。模型以卡尼曼和特沃斯基 (Kahneman & Tversky, 1979) 定义的价值函数曲线为基础, 并且在标准的价值函数曲线中引入外生的投资者情绪影响, 修正给出了投资者情绪价值函数曲线。通常, 投资者情绪价值函数曲线与标准的价值函数曲线性质是一致的, 表现了投资者的普遍心理特征。但投资者情绪价值函数曲线适用范围更大, 投资者情绪价值函数曲线扩展了标准价值函数曲线的定义, 使得在特殊情况 (投资者高度乐观态度) 下, 财富的价值判断仍符合投资者在特殊情况下的心理特征。因此, 本章模型以投资者情绪价值为基础，更适用于复杂多变的现实金融市场。而且，模型以风险资产的平均价值作为回报的度量，以下半投资者情绪价值绝对离差作为风险资产风险的度量，充分考虑了投资者对回报、风险识别与判断的心理特征。所以在行为金融框架下，投资者情绪是保证本书构建的 C-M 模型及 I-M 模型正确性及适用性的重要因子。

通过求解 C-M 模型与 I-M 模型，最终结果发现，考虑风险资产相关性的 C-M 模型的最优资产组合最终结果与 M-V 模型、BPT 等常规模型最终结果类似，是充分分散的最优投资最终结果。而只考虑风险资产独立性的 I-M 模型的最终结果却与之有很大不同。在 I-M 模型中，投资者将根据其认知（表现了投资者情绪、心理偏好）来抉择其"满意"的风险资产，然后在所抉择的"满意"风险资产中以满意程度按高到低排序后，按先后次序满额投资。所以，当各风险资产 i 的最大投资比例 u_i 相同（相差不大）时，I-M 模型的最优最终结果就是（接近）$1/n$ 规则的最终结果。对比 C-M 模型与 I-M 模型，二者区别主要在于投资者是否考虑组合中各风险资产的独立性。在只简单考虑各风险资产相互独立的情况下构建的 I-M 模型在最优化最终结果是（接近）启发式决策——$1/n$ 规则的最终结果。所以，风险资产独立性是 $1/n$ 规则与资产组合理论模型一致的关键因子。

第 7 章

基于二元投资者情绪的资产组合模型

对投资者情绪的进一步深入细分，可以把投资者情绪划分为单一风险资产投资者情绪及整体市场投资者情绪。其中，单一风险资产投资者情绪指投资者对单一风险资产的信念；整体市场投资者情绪指投资者对市场整体的信念。

本书第 5 章，分析的仅是投资者对单一风险资产的投资者情绪。而进一步对市场投资者情绪的处理可以采用如下两种方式：第一，直接以市场投资者情绪取代单一风险资产投资者情绪，对风险资产进行分析。此时，即相当于投资者对所有风险资产有着相同的投资者情绪——以市场投资者情绪为表征。第二，同时考虑单一风险资产投资者情绪与市场投资者情绪的作用。第一种方式其实只要把本书第 5 章分析的单一风险资产投资者情绪全部替换成统一的市场投资者情绪即可。当只考虑市场投资者情绪对资产组合的影响时，只需把本书第 5 章构建模型中互不相同的单一风险资产投资者情绪换成统一的市场投资者情绪即可。此时投资者情绪影响统计系数矩阵将转化成普通的投资者情绪影响函数，将是前文模型的特殊情况，在此不再详细讨论。本章将主要讨论单一风险资产投资者情绪及整体市场投资者情绪共同作用下的资产组合构建问题。

7.1 模 型 假 设

假设 1：投资者对风险资产 i 的投资者情绪将影响投资者对风险资产 i 的预期收益及风险的判断。

假设2：市场上不存在无风险资产，投资者将在持有现金与进行投资之间进行抉择。

假设3：整体市场投资者情绪 S_M 将影响投资者的投资需求，即投资者对组合整体的投资比例将由市场投资者情绪确定。

假设4：市场无卖空限制。

假设5：投资者拥有的可支配资金单位化为1。

7.2　基于二元投资者情绪的资产组合理论模型构建及求解

7.2.1　理论模型构建

按照假设3，整体市场投资者情绪 S_M 将影响投资者的投资需求。一般的市场投资者情绪越高，投资者的投资需求越大，即投资者将可支配资金用于投资的比例与整体市场投资者情绪密切相关：当市场投资者情绪越高涨其投资比例越高，极值为1；当市场投资者情绪越低落其投资比例越低，足够低落时将取消投资（用于投资的资金为零）。所以，不妨记整体市场投资者情绪对投资需求的影响函数为 $H(S_M)$，$H(S_M)$ 满足以下性质：第一，$H(S_M)$ 是整体市场投资者情绪 S_M 的单调增函数；第二，当整体市场投资者情绪 S_M 足够大时，$H(S_M) \to 1$；第三，当整体市场投资者情绪 S_M 充分小时，$H(S_M) \to 0$。

满足上述条件，不妨取 $H(S_M)$ 为如下形式：

$$H(S_M) = \frac{1}{1 + a \times e^{-b \times S_M}}$$

其中，参变量 a、b 大于零，$1/(1+a)$ 表示投资者理性时的投资需求，b 表示市场投资者情绪影响的剧烈程度。

由于投资者的可支配资金单位化为1，所以 $H(S_M)$ 即表示投资者用于投资的比例。即 $w'I = H(S_M)$。

所以，在单一风险资产投资者情绪影响单一风险资产的认知收益、认知风险，整体市场投资者情绪影响投资需求的情况下，构建如下资产组合模型：

$$
\begin{cases}
\max\limits_{w} & w'G\mu \\
\min\limits_{w} & \dfrac{1}{2}w'\sqrt{F}\Sigma\sqrt{F}w \\
\text{s. t.} & w'I = H\ (S_M)
\end{cases}
\tag{7-1}
$$

7.2.2　模型求解

本节将求解模型（7-1）。首先，按照运筹学多目标规划理论把模型（7-1）改写为如下二次规划问题：

$$
\begin{cases}
\max\limits_{w} & w'G\mu - \dfrac{1}{2}\gamma w'\sqrt{F}\Sigma\sqrt{F}w \\
\text{s. t.} & w'I = H\ (S_M)
\end{cases}
$$

其中，参变量 γ 为个人风险厌恶指标。对上式构建拉格朗日函数：

$$
L = w'G\mu - \frac{1}{2}\gamma w'\sqrt{F}\Sigma\sqrt{F}w - \lambda\left[w'I - H(S_M)\right]
$$

其中，λ 为拉格朗日乘数。由于 $\sqrt{F}\Sigma\sqrt{F}$ 为对称矩阵，按矩阵论方法，取 L 的一阶条件得：

$$
\frac{\partial L}{\partial w} = G\mu - \gamma\sqrt{F}\Sigma\sqrt{F}w - \lambda I = 0
\tag{7-2}
$$

$$
\frac{\partial L}{\partial \lambda} = w'I - H(S_M) = 0
\tag{7-3}
$$

由式（7-2）解得：

$$
w = \left(\gamma\sqrt{F}\Sigma\sqrt{F}\right)^{-1}(G\mu - \lambda I)
\tag{7-4}
$$

下面我们再求解 λ，式（7-4）两边左乘 I' 代入式（7-3）得：

$$
H(S_M) = I'\left(\gamma\sqrt{F}\Sigma\sqrt{F}\right)^{-1}(G\mu - \lambda I)
$$

由此解得：

$$
\lambda = \frac{I'\left(\sqrt{F}\Sigma\sqrt{F}\right)^{-1}G\mu - \gamma H(S_M)}{I'\left(\sqrt{F}\Sigma\sqrt{F}\right)^{-1}I}
\tag{7-5}
$$

把式（7-5）代入式（7-4）即得模型（7-1）的解，即：

$$w = (\gamma \sqrt{F}\Sigma\sqrt{F})^{-1}\left[G\mu - \left(\frac{I'(\sqrt{F}\Sigma\sqrt{F})^{-1}G\mu - \gamma H(S_M)}{I'(\sqrt{F}\Sigma\sqrt{F})^{-1}I} \right)I \right] \quad (7-6)$$

式（7-6）中 F 和 G 都是单一风险资产投资者情绪的影响矩阵，$H(S_M)$ 是整体市场投资者情绪，可见投资者情绪是影响风险资产的资产组合的重要因子。

7.2.3 基于二元投资者情绪的资产组合有效边界曲线

进一步讨论资产组合的有效边界曲线问题。记：$E(R)$ 为组合的期望收益，σ_s^2 为组合的主观认知风险，$I'(\sqrt{F}\Sigma\sqrt{F})^{-1}I = A$，$I'(\sqrt{F}\Sigma\sqrt{F})^{-1}G\mu = B$，$(G\mu)'(\sqrt{F}\Sigma\sqrt{F})^{-1}G\mu = C$。由于 $\sqrt{F}\Sigma\sqrt{F}$ 为对称矩阵，所以由式（7-6）知：

$$w = \frac{1}{\gamma}(\sqrt{F}\Sigma\sqrt{F})^{-1}G\mu - \frac{1}{\gamma}\frac{B - \gamma H(S_M)}{A}(\sqrt{F}\Sigma\sqrt{F})^{-1}I$$

$$\Rightarrow E(R) = \mu'G'w = \frac{C}{\gamma} - \frac{B - \gamma H(S_M)}{A} \times \frac{B}{\gamma}$$

所以，

$$\gamma = \frac{AC - B^2}{AE(R) - BH(S_M)} \quad (7-7)$$

组合的主观认知风险 σ_s^2 有：

$$\sigma_s^2 = w'(\sqrt{F}\Sigma\sqrt{F})^{-1}w$$

$$= w'(\sqrt{F}\Sigma\sqrt{F})\frac{1}{\gamma}\left[(\sqrt{F}\Sigma\sqrt{F})^{-1}G\mu - \frac{B - \gamma H(S_M)}{A}(\sqrt{F}\Sigma\sqrt{F})^{-1}I \right]$$

$$= \frac{1}{\gamma}\left[E(R) - \frac{B - \gamma H(S_M)}{A}H(S_M) \right]$$

把式（7-7）代入上式知：

$$\sigma_s^2 = \frac{AE^2(R) - 2BH(S_M)E(R) + CH^2(S_M)}{AC - B^2}$$

记 $\Delta = AC - B^2$，化简上式模型可知，有效边界曲线在主观认知风险与主观认知收益平面上为双曲线（位于第一象限的上半段）：

$$\frac{\sigma_s^2}{\dfrac{H(S_M)}{A}} - \frac{\left[E(R) - \dfrac{BH(S_M)}{A}\right]^2}{\dfrac{H^2(S_M)\Delta}{A^2}} = 1 \tag{7-8}$$

上式在主观认知风险、期望收益平面上即为双曲线的标准方程，其中心为 $(0, BH(S_M)/A)$，对称轴为：$\sigma_s = 0$，$E(R) = BH(S_M)/A$，投资者情绪影响下最优风险资产组合模型的有效边界曲线即为该双曲线在第一象限的上半段。由于 A、B、C、Δ 都与单一风险资产投资者情绪有关，所以投资者情绪最优风险资产组合模型有效边界曲线与整体市场投资者情绪及单一风险资产投资者情绪密切相关，有效边界曲线的最小认知风险组合的主观认知风险为 $\sqrt{H(S_M)/A}$。

显然，

$$\frac{\partial[BH(S_M)/A]}{\partial S_M} = \frac{B}{A} \times \frac{\partial H(S_M)}{\partial S_M} > 0$$

$$\frac{\partial \sqrt{H(S_M)/A}}{\partial S_M} = \frac{1}{2}\sqrt{A} \times \frac{1}{\sqrt{H(S_M)}} \times \frac{\partial H(S_M)}{\partial S_M} > 0$$

所以，由上面式子可知，当其他因子不变时，资产组合有效边界曲线是随着投资者整体市场投资者情绪高昂而向右上方移动。并且对双曲线的开口大小关于整体市场投资者情绪求偏导数，有

$$\frac{\partial}{\partial S_M}\left[\frac{H^2(S_M)\Delta}{A^2} \Big/ \frac{A}{H}\right] = \Delta \frac{\partial H(S_M)}{\partial S_M} > 0$$

所以，此时当整体市场投资者情绪 S_M 上涨时，资产组合的有效边界曲线开口将扩张，即资产组合的可行域将随着整体市场投资者情绪的上涨而扩张，反之亦然。

7.3 模型的数值算例

不妨考虑三项风险资产的期望收益向量 μ 和协方差矩阵 Σ 分别为：

$$\mu = \begin{pmatrix} 0.0500 \\ 0.1000 \\ 0.2500 \end{pmatrix}, \quad \Sigma = \begin{pmatrix} 0.0025 & 0.0000 & 0.0000 \\ 0.0000 & 0.0400 & 0.0200 \\ 0.0000 & 0.0200 & 0.2500 \end{pmatrix}$$

本节重点考察整体市场投资者情绪的影响，所以这里先简单考虑投资者对单一风险资产的一种投资者情绪状态：$sent_1 = (1,1,1)'$，而考虑四种市场投资者情绪状态：$S_{M1} = -1$；$S_{M2} = 0$；$S_{M3} = 1$；$S_{M4} = 2$。投资者的个人风险厌恶指标为 $\gamma = 2.7063$，并取满足定义要求的单一风险资产投资者情绪影响函数为负指标形式：$f(s) = e^{-\alpha_\sigma s}$，$g(s) = e^{-\alpha_r s}$，其中投资者情绪影响统计系数 $\alpha_\sigma = 0.4$，$\alpha_r = 0.2$；取满足定义要求的整体市场影响函数为：

$$H(S_M) = \frac{1}{1 + e^{-S_M}}$$

把各变量代入模型的求解式（7-6），通过 Matlab 计算出各投资者情绪状态下风险资产抉择的最优比重，最终详细结果见表7-1。

表7-1　　　　　　　　不同整体市场投资者情绪状态下的最优资产组合

风险资产比重	投资者情绪			
	$S_{M1} = -1$	$S_{M2} = 0$	$S_{M3} = 1$	$S_{M4} = 2$
风险资产1	-0.5630	-0.3456	-0.1282	0.0127
风险资产2	0.7314	0.7448	0.7582	0.7669
风险资产3	0.1005	0.1008	0.1010	0.1012
比重加总	0.2689	0.5000	0.7311	0.8808
传统期望收益	7.01%	8.24%	9.47%	10.26%
主观认知收益	7.55%	9.05%	10.55%	11.52%
组合标准差	16.63%	16.74%	16.93%	17.09%
主观认知风险	14.69%	14.79%	14.94%	15.07%

表7-1中分析了市场投资者情绪四种状态对资产组合的影响。最终结果显示，随着市场投资者情绪从 S_{M1} 状态的低落投资者情绪-1高涨到 S_{M4} 状态的乐观态度2时，投资比例从0.2689增加到0.8808。在表7-1中，市场投资者情绪从 S_{M1} 状态的低落投资者情绪-1高涨到 S_{M4} 状态的乐观态度投资者情绪2时，投资者对投资的主观认知收益要求从7.55%增大到

11.52%；同时愿意承担的主观认知风险也从 14.69% 增加到 15.07%；表明当市场投资者情绪不断高涨时，投资者将更愿意冒更大的风险以获取很高的收益。另外，与第 5 章比较，表 7 - 1 中还表明投资者对各风险资产的投资比例除了受到单一风险资产的投资者情绪影响外，也受到市场投资者情绪的影响。特别是对于卖空风险资产：市场投资者情绪从 S_{M1} 状态的低落投资者情绪 -1 高涨到 S_{M4} 状态的乐观态度投资者情绪 2 时，对卖空风险资产 1 投资比例从 -0.5630 急剧增加到 0.0127；而对其他两项风险资产的投资增加甚微（风险资产 2 的投资仅从 0.7314 增加到 0.7669，风险资产 3 的投资仅从 0.7314 增加到 0.7669）。

下面进一步分析在四种不同的市场投资者情绪状态下的资产组合有效边界曲线。依据有效边界曲线方程式（7 - 8），做出四种不同的市场投资者情绪状态下的资产组合有效边界曲线如图 7 - 1 所示。

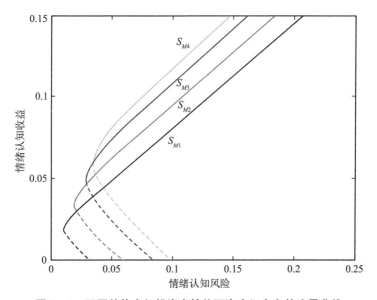

图 7 - 1　不同整体市场投资者情绪下资产组合有效边界曲线

图 7 - 1 中，四种市场投资者情绪状态 S_{M1} ~ S_{M4} 从悲观态度的 -1 数值逐步上升到 2 数值，其有效边界曲线也逐步向右上角方向移动：最小认知风险组合（抛物线的顶点）的主观认知风险数值逐步增加，导致抛物线右移；最

小认知风险组合的主观认知收益数值逐步增加，导致抛物线上移。总之，在考虑整体市场投资者情绪的影响时，资产组合的有效边界曲线将产生很大变化。整体市场投资者情绪将是现实投资决策过程中的一个重要影响因子。

7.4　本章小结

本章主要探讨了在整体市场投资者情绪与单一风险资产投资者情绪共同作用下的资产组合问题。研究表明投资者情绪是影响资产组合构建的重要系统性因子。最终结果表明，不仅单一风险资产投资者情绪影响投资者对各风险资产的投资，而且市场投资者情绪也将影响投资者对各风险资产的投资，特别是对于卖空风险资产的投资将起重要的作用。同时，市场投资者情绪对资产组合的有效边界曲线也产生重大影响。市场投资者情绪的高涨将导致有效边界曲线向右上方移动，表明当市场投资者情绪不断高涨时，投资者将更愿意冒更大的风险以获取很高的收益；反之，当市场投资者情绪不断下跌时，投资者将惧怕冒太多的风险，所以选取较小收益的资产组合。

第8章

投资者情绪资本风险资产定价模型

本书第 5 章构建了本书的核心模型——基于投资者情绪认知的资产组合模型，分析探讨了投资者情绪对资产组合的影响。本章进一步基于投资者情绪认知的资产组合模型，构建基于投资者情绪认知的资本风险资产定价模型，并对过度交易金融市场异象给出有效解释。

风险资产定价问题是现代金融学的核心问题之一，标准金融的风险资产定价理论以资本风险资产定价模型（例如：Sharpe，1964；Lintner，1965；Mossin，1966）为表示，其后罗斯（Ross，1976，1993，1995）的套利定价理论（APT）、FF 因子定价模型基于流动性的风险资产定价模型（LAPM）等大量理论对 CAPM 进行了改进，但标准金融的风险资产定价理论都是以理性投资者为前提，忽略了投资者普遍存在各种心理认知偏差、情感认知偏差和意志认知偏差。

有鉴于此，行为金融领域的风险资产定价模型引入投资者心理认知偏差对 CAPM 进行突破，如：行为风险资产定价模型 BAPM（Shefrin & Statman，1994）、羊群效应 CAPM（Christie & Huang，1995；董志勇和韩旭，2007）、信息模型（唐伟敏和邹恒甫，2008）等，但这些模型往往只关注各种市场异常现象的单独确认和异常解释，从而造成了现有风险资产定价模型的分散、无逻辑和内涵模糊问题（宋军和吴冲锋，2008）。可见构造具有微观和心理及行为学理论基础，可以表现投资者"行为人"特征的风险资产定价模型，是一个具有重要理论意义和现实意义的课题。

近年来，投资者情绪的研究成为行为金融的研究热点，众多的研究表明投资者情绪会影响风险资产的收益、价格、风险（相关研究可见：Fisher &

Statman，2003；Brown & Cliff，2005；Verma & Soydemir，2009；饶育蕾和刘达锋，2003；王美今和孙建军，2004；张强等，2007；池丽旭和庄新田，2009；等等），虽然这些研究大多集中在实证的角度探讨投资者情绪与市场表现的关系，但是却为我们从投资者情绪的角度，突破传统 CAPM 模型的理性人假设提供了契机。

本章从投资者情绪的角度出发，构建投资者情绪资本风险资产定价模型（SCAPM）。投资者情绪的差异将导致投资者个人对风险资产定价有不同的认知，从而出现对风险资产定价的认知偏差。投资者间不同的投资者情绪导致对风险资产价格认知的不同，从而促使了交易的发生，因此为现实金融市场上的过度交易（excessive trading）现象提供了解释依据。

8.1　基于投资者情绪的资本市场线

8.1.1　基于投资者情绪的资本市场线的推导

记 $\mu = (\mu_1, \cdots, \mu_n)'$ 为风险资产的期望收益列向量，μ_i 为风险资产 i 的期望收益。w_f 为无风险资产的比重，μ_f 为无风险资产收益（无风险利率），$\Sigma \in R^{n \times n}$ 为风险资产的协方差矩阵（正定矩阵）。投资者情绪的高涨（低落）将导致投资者高估（低估）收益，同时低估（高估）风险。如第 5 章所述，记 F、G 分别为投资者情绪风险影响矩阵及投资者情绪收益影响矩阵，则投资者对资产组合的主观认知收益、最小化主观认知风险分别为：

$$R_{sp} = w'G\mu$$

$$\sigma_{sp}^2 = \frac{1}{2}w'(\sqrt{F}\Sigma\sqrt{F})w$$

所以，以最大化主观认知收益、最小化主观认知风险为目标，构建只含有风险资产的基于投资者情绪认知的资产组合模型为：

$$
\begin{cases}
\max_{w} & w'G\mu, \\
\min_{w} & \dfrac{1}{2}w'\sqrt{F}\Sigma\sqrt{F}w \\
\text{s. t.} & w'I = 1
\end{cases}
$$

由第 5 章的分析知,只含有风险资产的组合有效边界曲线(取在第一象限的那一条)为:

$$
\frac{\sigma_s^2}{\dfrac{1}{2A}} - \frac{\left[R_s - \dfrac{B}{A}\right]^2}{\dfrac{\Delta}{A^2}} = 1 \tag{8-1}
$$

其中,$A = I'(\sqrt{F}\Sigma\sqrt{F})^{-1}I$,$B = I'(\sqrt{F}\Sigma\sqrt{F})^{-1}G\mu$,$C = (G\mu)'(\sqrt{F}\Sigma\sqrt{F})^{-1}G\mu$,$\Delta = AC - B^2$。

类似的,在本书第 6 章,给出了含无风险资产基于投资者情绪认知的资产组合模型:

$$
\begin{cases}
\max_{w} & w'G\mu + w_f\mu_f, \\
\min_{w} & \dfrac{1}{2}w'\sqrt{F}\Sigma\sqrt{F}w \\
\text{s. t.} & w'I + w_f = 1
\end{cases}
$$

从进一步分析知含有无风险资产的资产组合有效边界曲线为主观认知风险 σ_s、主观认知收益 R_s 平面上的一条直线:

$$
R_s = \sqrt{K} \times \sigma_s + \mu_f \tag{8-2}
$$

其中,$K = \mu_f^2 A - 2\mu_f B + C$,$\sqrt{K}$ 为直线斜率。

可以证明基于投资者情绪认知含有无风险资产的资产组合有效边界曲线与基于投资者情绪认知的风险资产组合有效边界曲线是相切的。

为此,联立式(8-2)、式(8-1)可求解出直线式(8-2)与基于投资者情绪认知的风险资产组合有效边界曲线式(8-1)的交点坐标(σ_{M_s}, R_{M_s})为:

$$
\sigma_{M_s} = \frac{\sqrt{C - 2B\mu_f + A\mu_f^2}}{B - A\mu_f}, \quad R_{M_s} = \frac{C - B\mu_f}{B - A\mu_f} \tag{8-3}
$$

下面只需要证明双曲线式(8-1)在点(σ_{M_s}, R_{M_s})的导数等于直线式(8-2)的斜率。为此,在双曲线式(8-1)中两边对 σ_s 求导得

$$4A\sigma_s = \frac{2A^2(R_s - B/A)}{AC - B^2} \times \frac{\mathrm{d}R_s}{\mathrm{d}\sigma_s}$$

把式（8-3）代入上式知：

$$\left.\frac{\mathrm{d}R_s}{\mathrm{d}\sigma_s}\right|_{(\sigma_{M_s}, R_{M_s})} = \sqrt{C - 2B\mu_f + A\mu_f^2} = \sqrt{K}$$

由此我们证明了基于投资者情绪认知含有无风险资产的资产组合有效边界曲线与基于投资者情绪认知的风险资产组合有效边界曲线是相切的。而由于切点(σ_{M_s}, R_{M_s})既是带无风险资产组合的最优解，同时又是风险资产组合的最优解，所以切点(σ_{M_s}, R_{M_s})为当无风险资产在最优组合中的比重w_f等于0时的情形。因此，对应传统的资本市场线，该切线我们称之为基于投资者情绪的资本市场线。由于该切线经过点$(0, \mu_f)$、(σ_{M_s}, R_{M_s})，所以记直线上任一点的坐标为(R_{ps}, σ_{ps})，则基于投资者情绪的资本市场线方程可以改写为：

$$R_{ps} = \mu_f + \frac{R_{M_s} - \mu_f}{\sigma_{M_s} - 0}\sigma_{ps} \qquad (8-4)$$

基于投资者情绪的资本市场线式（8-4）表明，资产组合的主观认知收益率R_{ps}是该组合主观认知风险σ_{ps}的线性函数。具体来说，风险资产组合的主观认知收益等于无风险利率加上风险补偿，风险补偿的多少取决于单位投资者情绪认知市场风险的风险补偿$(R_{M_s} - \mu_f)/\sigma_{M_s}$与该组合的主观认知风险$\sigma_{ps}$的乘积。并且与标准金融的资本市场线不同，因为超额主观认知收益$(R_{M_s} - \mu_f)$、主观认知风险σ_{M_s}、组合p的主观认知风险σ_{ps}都受投资者情绪的密切影响，所以基于投资者情绪的资本市场线是受投资者情绪控制的。一般的，乐观态度投资者将高估超额主观认知收益$(R_{M_s} - \mu_f)$，而低估主观认知风险σ_{M_s}，所以持乐观态度的投资者基于投资者情绪的资本市场线（SCML）的斜率将更大。

8.1.2　基于投资者情绪的资本市场线的数值算例

为直观的比较基于投资者情绪的资本市场线与传统的资本市场线的异同，我们给出一个具体数值算例，不妨考虑三项风险资产的期望收益矩阵及协方差矩阵分别为：

$$\mu = \begin{pmatrix} 0.0500 \\ 0.1000 \\ 0.2500 \end{pmatrix}, \ \Sigma = \begin{pmatrix} 0.0025 & 0.0000 & 0.0000 \\ 0.0000 & 0.0400 & 0.0200 \\ 0.0000 & 0.0200 & 0.2500 \end{pmatrix}$$

与第 5 章类似，考虑如下四种投资者情绪状态：$sent_1 = (0, 0, 0)'$、$sent_2 = (1, 1, 1)'$、$sent_3 = (1, 1, -1)'$、$sent_4 = (-1, -1, -1)'$。投资者的个人风险厌恶指标为 $\gamma = 2.7063$。并取满足定义要求的投资者情绪影响函数为负指标形式：$f(s) = e^{-\alpha_\sigma s}$，$g(s) = e^{-\alpha_r s}$，其中投资者情绪影响统计系数 $\alpha_\sigma = 0.4, \alpha_r = 0.2$。图 8 - 1 画出不同投资者情绪状态下的基于投资者情绪的资本市场线。

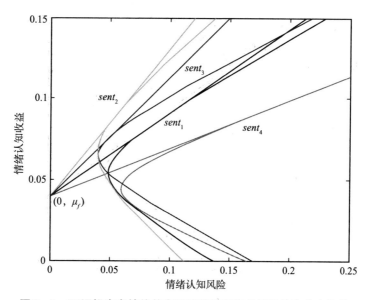

图 8 - 1　不同投资者情绪状态下的基于投资者情绪的资本市场线

在图 8 - 1 中，$sent_2$ 中各风险资产的投资者情绪都是不同投资者情绪状态下的最大数值，其风险资产的可行域明显最大，而投资者情绪的高涨也导致 $sent_3$ 对应的基于投资者情绪的资本市场线斜率是各投资者情绪状态中最大的，即此时单位投资者情绪认知市场风险的风险补偿最大。$sent_4$ 中各风险资产的投资者情绪都是不同投资者情绪状态下的最小数值，其风险资产的可行域明显最小，而投资者情绪的高涨也导致 $sent_4$ 对应的基于投资者情绪的资本市场线斜率是各投资者情绪状态中最小的，即此时单位投资者情绪认知市场风险的风险补偿最小。$sent_3$ 与 $sent_1$ 对各风险资产的投资者情绪高低互有交错，所以它们的风险资产可行域也相互交错，此时基于投资者情绪的资本市场线的斜率需严格按式（8-2）或式（8-4）计算后，才能比较大小。本例中，计算表明 $sent_3$ 的基于投资者情绪的资本市场线斜率较大。总之，投资者情绪是影响投资抉择的重要因子，随着投资者情绪的高涨（低落），风险资产的可行域将扩张（缩小）；同时导致基于投资者情绪的资本市场线的斜率变大（变小），即此时单位投资者情绪认知市场风险的风险补偿增加（减小）。

虽然在现实金融市场中，每个投资者对各风险资产的投资者情绪可能各不相同。但是每个投资者的投资者情绪汇聚起来，就体现了市场对各风险资产未来现金流和投资风险的预期而形成的一种信念。这在现实金融市场上就表现为市场对各风险资产的投资者情绪。下面对市场投资者情绪进行分析，例如，当市场体现的投资者情绪状态为 $sent_3$ 时，在市场投资者情绪的作用下，投资者的风险资产投资必然落在图 8-1 中 $sent_3$ 所示双曲线内部或边界上。而总能找到在双曲线边界上的组合点与落在双曲线内部的组合点连接，构成一条斜率为负的直线。而出现斜率为负的直线即表明双曲线内部的组合点是投资者情绪认知占劣风险资产（该风险资产的认知收益小于另一风险资产的认知收益，而该风险资产的认知风险大于另一风险资产的认知风险），所以投资者将放弃该组合点的投资，而投资于双曲线边界上的组合点。而由于无风险借贷的存在，投资者最终的资产组合点将落在 $sent_3$ 所示的切线上。所以我们不妨把该切点组合称为投资者情绪市场组合，记为 M_s，对应坐标为 (σ_{M_s}, R_{M_s})。另外，正如图 8-1 中 $sent_1$ 的情形，当投资者情绪为零时，投资者情绪市场组合 M_s 就是传统的理性市场组合 M。

本节最后我们指出，"顺市而为"将使投资者获得更高效的投资。事实上，标准金融理论中，$[E(R_p) - \mu_f]/\sigma$ 表示每承担一单位的风险所得到的超额回报，称为组合 p 的夏普率指标。本书考虑组合 p 的主观认知风险 σ_{ps}、主观认知收益 R_{ps}，把投资者情绪夏普率指标定义为 $(R_{ps} - R_f)/\sigma_{ps}$，组合 p 的投资者情绪夏普率指标就是投资者情绪认知平面上组合 p 与无风险利率 μ_f 连线的斜率。在投资者情绪认知平面上，确定的投资者情绪状态下，不在切点组合处的风险资产有效组合与无风险利率的连线都位于该投资者情绪状态的基于投资者情绪的资本市场线的下方。所以,基于投资者情绪的资本市场线上的各点(表示不同的无风险资产与最优风险资产的组合)将取得最大的投资者情绪夏普率指标。而要使得资产组合位于基于投资者情绪的资本市场线上,投资者就需要获得与市场一致的投资者情绪,以市场投资者情绪为基础按含有无风险资产的投资者情绪最优资产组合分析范式来构建的最优资产组合,方能获得更高效的投资。所以,"顺市而为"——基于市场投资者情绪的高低来最终构建个人的资产组合将使得投资者获得更高效的投资。

8.2 投资者情绪证券市场线

8.2.1 投资者情绪证券市场线的推导

上节基于投资者情绪的资本市场线主要刻画的是投资者情绪金融市场中有效率风险资产组合基于投资者情绪认知的市场波动溢价与风险资产组合主观认知风险的函数关系。然而,在现实的金融市场上,大多数投资者拥有的资金是有限的,这些投资者往往倾向于投资一种或几种金融风险资产。而对于上市公司而言,公司往往关注于自身发行的股票的收益率与风险,以确定筹资成本。因此对于风险资产而言,有必要进一步讨论每项风险资产(或组合)的主观认知风险和主观认知收益的关系。

传统金融市场中,证券市场线揭示了证券(风险资产)本身的风险和收益之间的对应关系。传统的证券市场线是贝塔统计系数、期望收益平面上的一条直线:

$$E(R_i) = \mu_f + \beta_{iM}[E(R_M) - \mu_f]$$

其中,$E(R_i)$ 为证券 i 的期望收益,$E(R_M)$ 为市场组合的期望收益,μ_f 为无风险利率,$\beta_{iM} = \sigma_{iM}/\sigma_M^2$ 测度的是证券 i 的收益率波动对市场组合收益率波动的贡献度,表现的是证券 i 的系统风险对市场组合系统风险的影响作用的大小及程度。而 σ_{iM} 是证券 i 的收益率波动与市场组合收益率波动的协方差,表现了证券 i 系统风险的大小;σ_M^2 表示市场组合收益率波动的方差,表现了市场组合系统风险的大小。也就是说,在传统的理性金融市场中,证券的波动溢价与其对市场风险的贡献程度正相关，证券的期望收益率是其用 β 值来衡量的系统风险的线性函数。

投资者情绪金融市场中，由上节的分析知，投资者情绪市场组合的主观认知风险 $\sigma_{M_s}^2$ 为：

$$\sigma_{M_s}^2 = w'\left(\sqrt{F}\Sigma\sqrt{F}\right)w = \sum_{i=1}^{n}\sum_{j=1}^{n} w_i w_j \sqrt{f(s_i)f(s_j)}\sigma_{ij}$$

$$= w_1 \sum_{j=1}^{n} w_j \sqrt{f(s_1)f(s_j)}\sigma_{1j} + w_2 \sum_{j=1}^{n} w_j \sqrt{f(s_2)f(s_j)}\sigma_{2j} + \cdots$$

$$+ w_n \sum_{j=1}^{n} w_j \sqrt{f(s_n)f(s_j)}\sigma_{nj} \tag{8-5}$$

投资者对风险资产 i 与投资者情绪市场组合的认知协方差等于风险资产 i 与投资者情绪市场组合中每项风险资产投资者情绪认知协方差的几何平均，即：

$$\sigma_{iM_s} = \sum_{j=1}^{n} w_j \sqrt{f(s_i)f(s_j)}\sigma_{ij} \tag{8-6}$$

把上式带入式（8-5）得：

$$\sigma_{M_s}^2 = w_1\sigma_{1M_s} + w_2\sigma_{2M_s} + \cdots + w_n\sigma_{nM_s} \tag{8-7}$$

即投资者情绪市场组合的主观认知风险等于构成组合的所有风险资产与市场组合的认知协方差的加权平均，单项风险资产与组合的认知协方差表示其对整个组合的主观认知风险的贡献。因此，投资者必然要求组合中认知风险贡献度高的风险资产按比例提供较高的主观认知收益。所以：

$$\frac{R_{is} - \mu_f}{\sigma_{iM_s}} = \frac{R_{M_s} - \mu_f}{\sigma_{M_s}^2}$$

即：

$$R_{is} - \mu_f = \frac{\sigma_{iM_s}}{\sigma_{M_s}^2}(R_{M_s} - \mu_f)$$

记 $\beta_{iM_s} = \dfrac{\sigma_{iM_s}}{\sigma_{M_s}^2}$，则：

$$R_{is} - \mu_f = \beta_{iM_s}(R_{M_s} - \mu_f) \tag{8-8}$$

上式表示在主观认知收益 β_{iM_s}、R_{is} 平面上的一条直线（见图 8-2），称为投资者情绪金融市场的投资者情绪证券市场线（SSML）。其中，R_{M_s} 表示投资者情绪影响下投资者情绪市场组合主观认知收益；β_{iM_s} 为投资者情绪贝塔统计系数（显然当 i 为投资者情绪市场组合时，则 $\beta_{iM_s}=1$，此时记 β_{iM_s} 为 β_{M_s}），β_{iM_s} 表示在投资者情绪影响下风险资产 i 与投资者情绪市场组合的协方差对投资者情绪市场组合认知风险的贡献程度，斜率表示单位投资者情绪贝塔统计系数 β_{iM_s} 所对应风险的认知收益，即主观认知波动溢价。由于这些参变量都是投资者情绪的函数，所以显然投资者情绪资本风险资产定价模型受投资者情绪的密切影响。

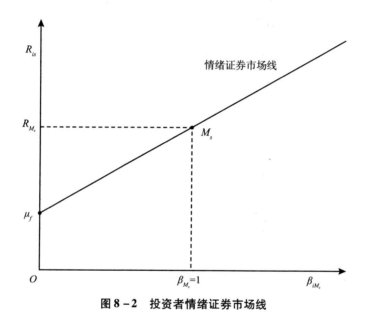

图 8 - 2　投资者情绪证券市场线

8.2.2　投资者情绪证券市场线的性质及数值算例

值得注意的是，在图 8 - 2 中，投资者情绪证券市场线的斜率为（R_{M_s} - μ_f），其中 μ_f 为无风险利率（常数），R_{M_s} 为图 8 - 1 中切线与抛物线的交点的纵坐标。可以证明投资者情绪证券市场线的斜率对投资者情绪并不具备单调性。为此，不妨考虑投资者对各风险资产的投资者情绪都是 s，由式（8 - 3）中 R_{M_s} 可知：

$$\frac{\partial(R_{M_s}-\mu_f)}{\partial s}=-\frac{\{bc+a\mu_f g(s)[b\mu_f g(s)-2c]\}g'(s)}{g^2(s)[b-a\mu_f g(s)]^2}$$

其中，$a=I'\Sigma^{-1}I$、$b=I'\Sigma^{-1}\mu$、$c=\mu'\Sigma^{-1}\mu$。记 $y=ab\mu_f^2 g^2(s)-2ac\mu_f g(s)+bc$，由于 $4a^2c^2\mu_f^2-4ab^2c\mu_f^2>0$，所以存在 $g_1<g_2(g_2>0)$ 使得当 $g(s)=g_1$ 或 $g(s)=g_2$ 时，$y=0$。又因为 $g'(s)<0$，$g(s)>0$，所以知：第一，当 $g_1\leqslant0$ 时，记 $g(S_{BT})=g_2$，则投资者情绪 $s>S_{BT}$ 时，$y<0$，$\partial(R'_{M_s}-\mu_f)/\partial s<0$；$s<S_{BT}$ 时，$y>0$，$\partial(R'_{M_s}-\mu_f)/\partial s>0$；即当投资者情绪小于临界值 S_{BT} 时，投资者对风险资产的定价随着投资者情绪的高涨而上涨；当投资者情绪大于临界值 S_{BT} 时，投资者对风险资产的定价随着投资者情绪的高涨而下跌。第二，当 $g_1>0$ 时，记 $g(S_{LT})=g_1$，则投资者情绪 $s>S_{BT}$ 时，$y<0$，$\partial(R'_{M_s}-\mu_f)/\partial s<0$；$S_{LT}<s<S_{BT}$ 时，$y>0$，$\partial(R'_{M_s}-\mu_f)/\partial s>0$；$s<S_{LT}$ 时，$y<0$，$\partial(R'_{M_s}-\mu_f)/\partial s<0$；即，当投资者情绪大于临界值 S_{BT} 时，投资者对风险资产的定价随着投资者情绪的高涨反而下跌，当投资者情绪小于临界值 S_{BT} 且大于临界值 S_{LT} 时，投资者对风险资产的定价随着投资者情绪的高涨而上升、随着投资者情绪的低落而下跌，当投资者情绪小于临界值 S_{LT} 时，投资者对风险资产的定价随着投资者情绪的低落反而上涨。

由图 8-1 也可以发现 R_{M_s} 并不一定随着投资者对风险资产投资者情绪的高涨而增大。例如，$sent_2$ 投资者情绪状态中，投资者对各风险资产的投资者情绪都是四种投资者情绪状态的最大值；而 $sent_4$ 投资者情绪状态中，投资者对各风险资产的投资者情绪都是四种投资者情绪状态的最小值；但是 $sent_4$ 状态的切线与抛物线切点的纵坐标却比 $sent_2$ 时要大。究其原因可以发现，当投资者情绪高昂时，风险资产的资产组合可行域扩大，但是由于无风险资产收益为常数，所以将会导致切点向抛物线的左侧定点方向移动，这就有可能导致切点的纵坐标数值小于投资者情绪衰落时的切点纵坐标数值。

仍按照图 8-1 中各参变量的取值，通过式（8-3）计算出不同投资者情绪状态下市场组合的主观认知收益，然后根据式（8-8）数值算例出不同投资者情绪状态下的投资者情绪证券市场线如图 8-3 所示。

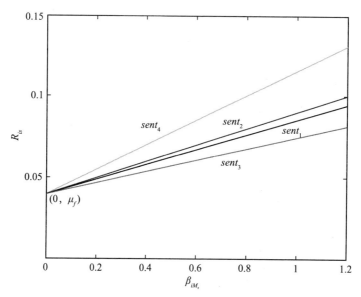

图 8 - 3   不同投资者情绪状态下的投资者情绪证券市场线

图 8 - 3 中，正如上文所分析：各不同投资者情绪状态比较，$sent_2$ 状态下投资者对各风险资产的投资者情绪是所有投资者情绪状态中最高的，$sent_4$ 状态下投资者对各风险资产的投资者情绪是所有投资者情绪状态中最低的；但是在图 8 - 3 中 $sent_4$ 状态的投资者情绪证券市场线的斜率却是最大的，而 $sent_2$ 状态的投资者情绪证券市场线的斜率次之。表明我们的数字例子中，$sent_2$ 的投资者情绪状态已经超过了临界值 S_{BT}，导致此时风险资产价格反而随着投资者情绪的高涨而下跌。

8.3   SCAPM 与传统资本风险资产定价模型的比较

8.3.1   与标准 CAPM 的比较

标准 CAPM 理论中，投资者都是理性投资者，且对风险资产的收益、分析有相同的认知。每个投资者购买的股票都是市场资产组合，此时市场中应该不会发生任何交易。股民为什么要进行交易？标准金融 CAPM 理论难以给出有效的解释。现实中，金融市场过高的交易规模"可能是令标准金融理论最为尴尬的事实"（De Bondt & Thaler，1995）。

当前行为金融对过度交易的解释，主要集中在过度自信的角度。有学者首先从理论上证明，过度自信投资者高估了投资的期望收益，从而频繁地进行交易，导致了股票市场上期望交易规模的上升（例如，Benos，1998；Odean，1998）。随后，有学者发现那些认为自己投资技巧或以往的投资收益表现超过平均水平的投资者交易更频繁（Glaser & Weber，2007）；有学者也用试验数据证实了过度自信产生额外的交易（Deaves et al.，2009）。谭松涛（2007）从以下三个角度对前人的研究进行了总结：第一，流动性交易需求角度；第二，投资者异质性的角度；第三，噪声交易者的角度。然而从这三方对过度交易的解释都有其不足之处。

本书的 SCAPM 摒弃了 CAPM 中投资者理性的假设，分析了受投资者情绪影响的投资者对风险资产价格的认知。由于不同投资者具有不同的投资者情绪，这必将导致各投资者产生不同的基于投资者情绪的资本市场线或不同的投资者情绪证券市场线（如图 8-1、图 8-3 所示），从而导致投资者个人对风险资产定价有不同的认知，出现对风险资产定价的认知偏差。投资者间不同的投资者情绪导致对风险资产价格认知的不同，促使了交易的发生。由此，本书从全新的投资者情绪角度对现实金融市场上的过度交易现象提供了有效解释。

8.3.2 与多因子模型比较

多因子模型是在罗斯（Ross，1976）提出的套利定价理论基础上发展起来的。较著名的，三因子模型（Fama & French，1995）建立以期适应现实金融市场上的复杂情况。多因子模型虽然往往比 CAPM 更接近现实市场的情况，但是对决定风险资产定价的风险因子的数目和类型却一直是理论界与实务界争论的焦点。有学者研究表明投资者情绪因子是系统因子（Kumar & Lee，2006），投资者情绪因子应在多因子模型中占有重要的地位。然而该研究只是给出了实证证据，缺乏严格的理论基础。下面我们通过分析 SCAPM 与传统的多因子模型间的关系，指出投资者情绪因子是传统多因子模型中不可或缺的系统性因子。

一般的，记投资者对各风险资产的投资者情绪状态列向量为 S，$\delta R_s = R_{M_s} - E(R_M)$，$\delta\beta_{is} = \beta_{iM_s} - \beta_{iM}$，则代入式（8-8）得：

$$E(R_i) - \mu_f = g(s_i) \times \beta_{iM_s}(R_{M_s} - \mu_f) + g(s_i)\mu_f - \mu_f$$

记 $\beta(S) = g(s_i) \times \beta_{iM_s}(R_{M_s} - \mu_f) + g(s_i)\mu_f - \mu_f - \beta_{iM}[E(R_M) - \mu_f]$，代入上式得：

$$E(R_i) - R_f = \beta_{iM}[E(R_M) - R_f] + \beta(S) \tag{8-9}$$

形式上，模型（8-9）即为传统的两因子模型，第二个因子为投资者情绪因子。但与传统多因子定价模型中各因子对风险资产价格起线性作用不同。投资者情绪在金融市场两因子定价模型（8-9）中，投资者情绪因子对风险资产定价的作用是复杂的非线性形式。库马尔与李（Kumar & Lee，2006）在实证中讨论认为投资者情绪因子对风险资产定价的影响是线性的，而本书表明投资者情绪金融市场中的风险资产定价远比传统金融市场复杂，投资者情绪因子对风险资产定价的影响是复杂的非线性形式，这或许正是现实金融市场中，使用多因子模型的投资者情绪贝塔难以找到的原因。

8.3.3 对比行为风险资产定价模型（BAPM）

BAPM 将（Shefrin & Statman，1994）CAPM 中的 β 值扩大为噪声交易者风险和传统 β 值之和，但是由于噪声交易者风险难以衡量，所以模型并没有被广泛接受。近来，投资者情绪的研究是为行为金融领域的热点问题，大量的文献（Baker & Wurgler，2006；易志高和茅宁，2009；Liao et al.，2011）给出了投资者情绪的定量计算。所以基于已有投资者情绪计算方法，通过本书基于投资者情绪构建的 SCAPM 模型，可以方便地计算出投资者情绪贝塔。

8.4 本章小结

现有的标准金融风险资产定价模型未考虑投资者的各种心理认知偏差，难以对市场的各种异象给出有效解释；行为金融的风险资产定价模型又缺乏统一的微观基础，难以形成统一的理论。本书从投资者情绪的角度对"行为人"的风险资产定价问题进行分析，构造了具有微观和心理及行为学理论基础、可以表现投资者"行为人"特征的投资者情绪资本风险资产定价模型：构建了表示资产组合的主观认知收益率 R_{ps} 与该组合主观认知风险 σ_{ps} 的函数关系的基于投资者情绪的资本市场线；进一步，构建了表示风险资产 i 的投资者情绪认知收益 R_{is} 与投资者情绪贝塔统计系数 β_{iM_s} 函数关系的投资者情绪证券市场线。研究发现，不同的投资者在各自投资者情绪的影响下，有着不同的基于投资者情绪的资本市场线与投资者情绪证券市场线，从而导致投资者各自有着不同的认知价格。不同的认知价格导致交易的产生，从而有效解释了现实金融市场的过度交易现象。

本章的研究最终结果进一步表明：投资者情绪是资本风险资产定价的系统性因子；但是风险资产价格并不是投资者情绪的单调增函数：第一，当 $ab\mu_f^2 g^2(s) - 2ac\mu_f g(s) + bc = 0$ 的较小根 g_1 小于零时，如果投资者情绪小于临界值 S_{BT}，投资者对风险资产的定价随着投资者情绪的高涨而上涨；如果投资者情绪大于临界值 S_{BT}，投资者对风险资产的定价随着投资者情绪的高涨反而下跌。第二，当 $ab\mu_f^2 g^2(s) - 2ac\mu_f g(s) + bc = 0$ 的较小根 g_1 大于零时，如果投资者情绪大于临界值 S_{BT}，投资者对风险资产的定价随着投资者情绪的高涨反而下跌；如果投资者情绪小于临界值 S_{BT} 且大于临界值 S_{LT}，投资者对风险资产的定价随着投资者情绪的高涨而上升、随着投资者情绪的低落而下跌；如果投资者情绪小于临界值 S_{LT}，投资者对风险资产的定价随着投资者情绪的低落反而上涨。

最后，本书与库马尔与李（Kumar & Lee，2006）的实证结果进行了对比，发现了投资者情绪对风险资产定价的线性因子作用。本书发现虽然投资者情绪资本风险资产定价模型可以转换为多因子模型，但是投资者情绪因子对风险资产价格的作用是复杂的非线性形式。

| 第9章 |

结　论

　　如何有效地配置风险资产、如何构建使投资者满意的资产组合是金融学研究的核心问题。标准金融仅从理性投资者的角度来分析这一问题。在行为金融分析框架下对传统资产组合理论进行了突破性的研究，创立了行为资产组合理论体系以及行为资产组合理论。随后，出现不少行为金融资产组合理论从行为、心理认知偏差的视角对这一问题进行探讨。桑贾夫等（Sanjiv et al.，2010）对该体系进行了扩展补充，但该体系的创建主要是为了进行理论分析，更为强调数理模型推导上的逻辑性，导致缺乏实用性而且其求解极为困难。本书基于投资者情绪构建的资产组合模型显然更符合现实的金融市场情形，且投资者情绪易于计算，使本书模型易于求解。而且投资者过度自信、后悔厌恶、框架效应等心理认知偏差都将导致投资者情绪的波动，因此从投资者情绪的角度可以涵盖比单一心理、行为认知偏差更大的范围。所以，本书基于投资者情绪的分析，避免了众多投资者心理认知偏差的讨论，更易于在行为金融领域给出金融市场分析的统一框架。本书结论主要包括如下两个方面：

9.1　资产组合理论探讨

9.1.1　投资者对不同的风险资产（市场）有着不同的投资者情绪

　　一方面，本书基于高频数据，计算了单只股票买卖不均衡 BSI 指标，并进一步结合单只股票换手率指标等单只股票投资者情绪代理变量，采用主成分分析方法构建了单只股票投资者情绪复合指标（CIISS）。通过面板数据等方法研究发现，单只股票投资者情绪与单只股票收益显著正相关。并且对股票规模截面效应的分析发现，单只股票投资者情绪对低市值股票的影响大于其对高市值股票的影响。对单只股票投资者情绪上涨、下跌状态研究显示，单只股票投资者情绪上涨对单只股票收益的冲击比单只股票投资者情绪下跌对单只股票收益的冲击更大。

另一方面，基于高频数据构建了股指期货市场投资者情绪的度量指标——多空不均衡指标。并进一步通过 GJR-GARCH 模型实证分析了股指期货市场投资者情绪对股指期货各合约收益率的冲击。研究发现，高频环境下的股指期货市场投资者情绪（多空不均衡指标），是股指期货定价的重要系统性因子，投资者情绪显著地正向影响股指期货各合约的收益，并且投资者情绪对股指期货合约收益的冲击存在显著的日内效应——"ㄴ"型效应。

可见，本书的研究表明，投资者对同一市场的不同风险资产或不同的市场有着不同的投资者情绪，且投资者情绪是影响风险资产收益的重要系统性因子。因此，在分析投资者情绪对风险资产的影响时，应当具体区分所讨论的金融市场及投资者对每一风险资产的投资者情绪，如此方能更准确、深入刻画投资者情绪的影响。所以，本书以投资者对不同风险资产有着不同投资者情绪为切入点构建资产组合模型。这为如何基于投资者情绪对行为金融模型进行理论探讨提供了新的步骤。

9.1.2　投资者情绪是影响资产组合的重要系统性因子

1. 投资者情绪影响投资者的风险资产抉择

本书分析了在投资者情绪影响下的主观认知收益与主观认知风险，并进一步给出投资者用于风险资产抉择的投资者情绪认知占优准则：投资者受投资者情绪影响，通过对各风险资产的主观认知风险、主观认知收益进行两两比较，当出现投资者情绪认知占优（占劣）风险资产时，投资者将淘汰投资者情绪认知占劣风险资产，只投资于非投资者情绪认知占劣风险资产（剔除投资者情绪认知占劣风险资产后的剩余风险资产）。

2. 投资者情绪影响风险资产的投资比例

本书通过讨论投资者情绪对个人风险厌恶指标、认知收益与认知风险的影响，构建了基于投资者情绪的资产组合模型。并进一步求解了模型及对模型进行了数值算例，最终结果表明：投资者对风险资产的投资者情绪将直接影响其对风险资产的投资。一般的，投资者对某风险资产的投资者情绪高昂，将导致其对该风险资产的投资比例增加；投资者对某风险资产的投资者情绪衰落，将导致其对该风险资产的投资比例减小。另一方面，考虑投资者情绪的影响，使用非对称度量风险——投资者情绪离差价值来作为资产组合的度量风险时，如果不考虑风险资产的相关性，投资者将根据其认知（表现了投资者情绪、心理偏好）来抉择其"满意"的风险资产，然后在所抉择的"满意"风险资产中以满意程度按高到低排序后，按先后次序满额投资。所以，当各风险资产 i 的最大投资比例 u_i 相同时，该最终结果就是（接近）$1/n$ 规则的最终结果。

3. 投资者情绪影响无风险资产的投资比例

当拟投资风险资产包含无风险资产时，通过讨论投资者情绪对个人风险厌恶指标的影响，以及对认知收益与认知风险地影响，本书基于投资者情绪构建了包含无风险资产的资产组合模型。最终结果表明，投资者对风险资产投资者情绪的高涨，将导致其对无风险资产的投资比例减少，投资者对风险资产总体投资者情绪的低落，将导致其对无风险资产的投资比例增加。

4. 投资者情绪影响资产组合的有效边界曲线

本书在分析投资者情绪对各风险资产投资比例影响的同时，也给出了投资者情绪影响下资产组合有效边界曲线的分析。当资产组合候选风险资产只有风险资产时，本研究表明，投资者情绪影响下的资产组合有效边界曲线是一条受投资者情绪影响的双曲线；当投资者情绪高昂时，组合的可行域明显扩张，当投资者情绪衰落时，组合的可行域明显收缩。当资产组合候选风险资产包含无风险资产时，本书的研究表明，投资者情绪影响下的资产组合有效边界曲线是一条受投资者情绪影响的直线。该直线经过点 $(0, \mu_f)$，且投资者情绪高昂时，将导致有效边界曲线的斜率增大；投资者情绪衰落时，将导致有效边界曲线的斜率减小。并且，当同时考虑单一风险资产投资者情绪与整体市场投资者情绪的二元影响时，资产组合的变动将更为剧烈，即投资者情绪的影响资产组合的重要系统性因子。

5. 投资者情绪影响风险资产的定价

本书的研究最终结果表明，投资者情绪是资本风险资产定价的系统性因子；但是风险资产价格并不是投资者情绪的单调增函数，存在投资者情绪的两个临界值 S_{BT} 和 S_{LT}（其中 S_{BT} 大于 S_{LT}），导致如下两种情况的产生：第一，当 $ab\mu_f^2 g^2(s) - 2ac\mu_f g(s) + bc = 0$ 的较小根 g_1 小于零时，如果投资者情绪小于临界值 S_{BT}，投资者对风险资产的定价随着投资者情绪的高涨而上涨；如果资者投资者情绪大于临界值 S_{BT}，投资者对风险资产的定价随着投资者情绪的高涨反而下跌。第二，当 $ab\mu_f^2 g^2(s) - 2ac\mu_f g(s) + bc = 0$ 的较小根 g_1 大于零时，如果投资者情绪大于临界值 S_{BT}，投资者对风险资产的定价随着投资者情绪的高涨反而下跌；如果投资者情绪小于临界值 S_{BT} 且大于临界值 S_{LT}，投资者对风险资产的定价随着投资者情绪的高涨而上升、随着投资者情绪的低落而下跌；如果投资者情绪小于临界值 S_{LT}，投资者对风险资产的定价随着投资者情绪的低落反而上涨。

9.2 现实金融市场投资异象的解释

9.2.1 分散风险不足

分散风险不足现象是指：现实金融市场上，投资者往往并没有完全按照马科维茨（Markowitz）的风险资产组合理论充分分散其投资，投资者常常只持有少数的几只股票（De Bondt，1998；Barber & Odean，2001）。当前行为金融领域对分散风险不足的解释主要集中在：过度自信、过度乐观态度、熟悉性和忠诚度。这些解释从投资者心理、行为偏好及投资者素质等不同方面对分散风险不足现象进行了有效解释。然而，这些解释都只是相对孤立地从单一影响因子来对分散风险不足现象进行解释，难以给出综合的、全面的解释。

事实上，过度自信、过度乐观态度、熟悉性、忠诚度等都可以表征为投资者情绪，同样，教育水平、财务知识及信息来源的增加都将使投资者减小其受投资者情绪的影响。所以，当前行为金融领域对分散风险不足的解释都可以综合归纳为本书基于投资者情绪的解释：投资者受到投资者情绪的影响，投资者将依据投资者情绪认知占优准则从候选风险资产挑选出拟投资风险资产；在这一过程中，由于投资者情绪的作用，投资者对大量风险资产产生收益与风险负相关的认知，从而放弃投资投资者情绪认知占劣风险资产。因此导致现实金融市场投资者的资产组合中的风险资产数量远小于标准金融资产组合理论充分分散的最优化最终结果，因此出现分散风险不足异象。

9.2.2　本土偏好

本土偏好（home bias 或 local bias）是行为金融学研究中人们发现的一种重要的投资者异常行为现象，即不同于标准金融资产组合理论，机构或个人投资者更愿意投资于本国股票市场、熟悉的或自己就职的公司、离自己住地近的公司等。本土偏好主要表现在两个方面：第一，在全球金融市场中的投资行为表现。以往的研究表明，投资者将绝大部分资金投资于自己所居住国家的资本市场中。第二，在投资者所居住的国家中的投资行为表现。以往的研究表明，投资者将更偏向于投资自己熟悉的或就职的公司、离自己住地近的公司。

对风险资产抉择的本土偏好现象，当前的解释除了制度方面的因子外，其他的行为金融解释都可以归纳为投资者情绪的影响：信息幻觉、熟悉性与控制力幻觉、过度乐观态度与一厢情愿思维及口碑传播效应都将导致投资者对本国、本地的公司产生较高的投资者情绪；而依据本书基于投资者情绪认知构建的资产组合模型，较高的投资者情绪将导致投资者持有更多这些公司的股票。因此，本书从投资者情绪的角度对本土偏好现象进行了有效解释。

9.2.3　幼稚的分散风险

资产组合领域启发式决策或拇指规则——$1/n$ 规则，指投资者在各项拟投资风险资产中划分相同的投资份额。$1/n$ 规则是资产组合领域一个非常普遍的启发式决策或拇指规则（经验规则）。然而这一规则却是与标准金融资产组合理论相矛盾的。理论与现实的差异引起了研究者对这一问题的关注。

本书第6章摒弃对称的度量风险方法，以非对称的下半绝对离差价值作为投资风险的度量，并以有限理性为依据基于投资者情绪构建了考虑风险资产相关性的 C-M 模型及考虑风险资产独立性的 I-M 模型。对这两个模型的讨论最终结果表明：考虑风险资产相关性的 C-M 模型的最优资产组合最终结果与 M-V 模型、BPT 等常规模型最终结果类似，是充分分散的最优投资最终结果。而只考虑风险资产独立性的 I-M 模型的最终结果却与之有很大不同；在 I-M 模型中，投资者将根据其认知（表现了投资者情绪、心理偏好）来抉择其"满意"的风险资产，然后在所抉择的"满意"风险资产中以满意程度按高到低排序后，按先后次序满额投资。所以，当各风险资产 i 的最大投资比例 u_i 相同（相差不大）时，I-M 模型的最优最终结果就是（接近）$1/n$ 规则的最终结果。可见，在限制投资比例、风险资产独立条件下，投资者基于投资者情绪寻求"满意"投资是导致 $1/n$ 规则与资产组合理论模型一致的关键因子。因此，本书从行为金融的角度有效的解释了金融市场上幼稚的分散风险这一金融市场异象。

9.2.4 过度交易

标准金融资产组合理论及 CAPM 理论中，投资者都是理性投资者，且对风险资产的收益、分析有相同的认知，从而最终得到所有投资者对风险资产价格有相同的认知。标准金融的理论上是完美的，然而现实中，全球证券市场的交易量都很高：远高于资产组合动态多期调整（rebalancing）和套期保值的需求。正如德邦特和泰勒（De Bondt & Thaler, 1995）所言：金融市场过高的交易规模"可能是令标准金融理论最为尴尬的事实"。

本书第8章构建了 SCAPM 模型，模型摒弃了 CAPM 中投资者理性的假设，分析了受投资者情绪影响的投资者对风险资产价格的认知。研究表明，由于不同投资者具有不同的投资者情绪，必将导致各投资者产生不同的基于投资者情绪的资本市场线或不同的投资者情绪证券市场线，从而导致投资者个人对风险资产定价有不同的认知，出现对风险资产定价的认知偏差。投资者间不同的投资者情绪导致对风险资产价格认知的不同，从而促使了交易的发生。由此，本书从全新的投资者情绪角度对现实金融市场上的过度交易现象提供了有效解释。

9.3　本书的局限与进一步研究方向

在脑神经科学、心理及行为学、行为金融学对投资者情绪的理论及应用研究基础上，本书在不同限制条件下基于外生的投资者情绪构建了资产组合模型，系统深入地数理模型推导了投资者情绪对投资者构建风险资产组合的影响，并对应给出了仿真分析与实证分析。本书作为一项探索性研究，尚有多个方面有待进一步研究：

（1）本书在不同限制条件下构建的资产组合模型都是基于外生的投资者情绪的，而投资者情绪与风险资产价格、收益之间的关系可能存在着相互影响的关系，所以把本书模型扩展为基于内生投资者情绪的研究将是下一步的重要研究方向。

（2）本书在对核心模型的度量风险扩展中，只讨论了下半绝对离差价值一种非对称度量风险作为范例。事实上，风险资产风险的度量当前有着多种度量方式：如下偏矩、在险价值（VaR）、条件在险价值（条件 VaR）等。可见，把本书模型扩展为不同度量风险方法下的基于投资者情绪的资产组合模型将有着广阔的发展空间。

（3）从标准金融资产组合的发展过程来看，由静态的资产组合发展为动态多期的资产组合将是很重要的一个里程碑。本书基于投资者情绪的资产组合模型仅考虑了单期静态的资产组合构建问题，考虑多期、动态多期的基于投资者情绪的行为资产组合模型也将是一个重要的研究方向。另外，把投资者情绪当做一个模糊数，以模糊数学为基础构建基于投资者情绪的行为资产组合也将是一个可行的方向。

参考文献

中文部分

[1] 陈收，邓小铁，汪寿阳，等．利率随资本结构变化条件下的组合投资有效边界曲线 [J]．系统工程理论与实践，2002，22（4）：39－44．

[2] 陈彦斌．投资者情绪波动和风险资产价格波动 [J]．经济研究，2005（3）：36－45．

[3] 池丽旭，庄新田．投资者情绪与股票收益波动溢出效应 [J]．系统管理学报，2009，18（4）：367－372．

[4] 池丽旭，庄新田．我国投资者情绪对股票收益影响——基于面板数据的研究 [J]．管理评论，2011，23（6）：41－48．

[5] 董志勇，韩旭．基于 GCAPM 的羊群行为监测方法及中国股市中的实证依据 [J]．金融研究，2007（5）：108－117．

[6] 方平，陈满琪，姜媛．决策的脑认知神经机制 [J]．心理科学，2009，32（3）：640－642．

[7] 古若雷，罗跃嘉．焦虑投资者情绪对决策的影响 [J]．心理科学进展，2008，16（4）：518－523．

[8] 郭丹，徐伟，雷佑铭．机会约束下的均值——VaR 组合投资问题 [J]．系统工程学报，2005，20（3）：256－260．

[9] 郭文英，韩立岩．异质理念与风险资产组合抉择 [J]．系统工程学报，2008，23（4）：430－436．

[10] 韩其恒，唐万生，李光泉．机会约束下的资产组合问题 [J]．系统工程学报，2002，17（1）：87－92．

[11] 何朝林，孟卫东．模糊性规避下的动态多期风险资产组合抉择 [J]．系统工程学报，2009，24（2）：150－155．

[12] 胡支军，黄登仕．基于一般失望模型的证券组合投资分析 [J]．管理工程学报，

2006，20（3）：78 – 81.

[13] 华仁海，刘庆富．股指期货与股指现货市场间的价格发现能力探究［J］．数量经济技术经济研究，2010（10）：90 – 100.

[14] 姜继娇，杨乃定．基于认知风险价值的行为证券组合模型［J］．系统工程，2007，24（1）：71 – 75.

[15] 李仲飞，姚京．安全第一准则下的动态多期风险资产组合抉择［J］．系统工程理论与实践，2004（1）：41 – 45.

[16] 梁丽珍．投资者情绪影响因子的实证研究［J］．统计与决策，2010（4）：138 – 141.

[17] 刘长江，李纾．神经经济学：迈向脑科学的决策科学［J］．心理科学，2007，30（2）：482 – 484.

[18] 刘力，张圣平，张峥，等．信念、偏好与行为金融学［M］．北京：北京大学出版社，2007.

[19] 刘善存，邱菀华，汪寿阳．带交易费用的泛证券组合投资策略［J］．系统工程理论与实践，2003（1）：22 – 26.

[20] 刘向丽，程刚，成思危，等．中国期货市场日内效应分析［J］．系统工程理论与实践，2008（8）：63 – 80.

[21] 刘志新，牟旭涛．资产组合最大损失最小化模型研究［J］．系统工程理论与实践，2000，20（12）：22 – 25.

[22] 龙瑞，谢赤，曾志坚，等．高频环境下沪深300股指期货波动测度——基于已实现波动及其改进方法［J］．系统工程理论与实践，2011，31（5）：813 – 822.

[23] 马永开，唐小我．行为证券组合投资决策方法研究［J］．系统工程学报，2003，18（1）：71 – 76.

[24] 孟海亮，任若恩．股指期货推出对股票市场质量的影响［J］．系统工程，2009，27（10）：39 – 43.

[25] 彭飞，史本山，胡支军．基于离差价值的风险资产抉择模型比较分析［J］．管理工程学报，2005（4）：83 – 86.

[26] 彭飞，史本山，黄登仕．基于下偏矩风险的行为资产组合模型研究［J］．管理科学学报，2008，11（6）：95 – 102.

[27] 彭飞，史本山，黄登仕．极大极小离差价值的风险资产抉择模型研究［J］．管理学报，2004（3）：290 – 294.

[28] 秦学志，吴冲锋．模糊随机风险偏好下的证券资产组合抉择方法［J］．管理科学学报，2003，6（4）：73 – 76.

[29] 卿志琼．投资者情绪介入经济决策研究的演变路径［J］．财经研究，2009，35

（9）：59 – 69.

［30］饶育蕾，刘达锋. 行为金融学［M］. 上海：上海财经大学出版社，2003.

［31］饶育蕾. 引入心理账户的价值函数曲线修正模型［R］. 第五届中国经济学年会，厦门大学，2005.

［32］史金艳，刘芳芳. 投资者情绪与股票波动溢出效应研究［J］. 工业技术经济，2010，29（2）：154 – 158.

［33］宋军，吴冲锋. 金融风险资产定价异常现象研究综述及其对新风险资产定价理论的启示［J］. 经济学（季刊），2008，7（2）：701 – 730.

［34］宋泽芳，李元. 投资者情绪与股票特征关系［J］. 系统工程理论与实践，2012，32（1）：27 – 33.

［35］谭松涛. 行为金融学：基于投资者交易行为的视角［J］. 管理世界，2007（8）：140 – 150.

［36］唐伟敏，邹恒甫. 一种不完全信息下的风险资产定价模型［J］. 经济学（季刊），2008（2）：309 – 326.

［37］唐小我，傅庚，曹长修. 非负约束条件下组合证券投资决策方法研究［J］. 系统工程，1994（6）：23 – 29.

［38］涂志勇，郭明. 股指期货推出对现货市场价格影响的理论分析［J］. 金融研究，2008（10）：104 – 116.

［39］汪丁丁. 行为、意义与经济学［J］. 经济研究，2003（9）：14 – 20.

［40］汪伟. 投资理性、居民金融风险资产抉择与储蓄大搬家［J］. 当代经济科学，2008，30（2）：33 – 38.

［41］王美今，孙建军. 中国股市收益、收益波动与投资者情绪［J］. 经济研究，2004（10）：75 – 83.

［42］魏宇. 沪深300股指期货的波动率预测模型研究［J］. 管理科学学报，2010，13（2）：66 – 76.

［43］吴燕，周晓林，罗跃嘉. 期抉择和风险决策的认知神经机制［J］. 心理与行为研究，2010，8（1）：76 – 80.

［44］伍燕然，韩立岩. 不完全理性、投资者情绪与封闭式基金之谜［J］. 经济研究，2007（3）：117 – 129.

［45］武剑. 储蓄存款分流与货币结构变动［J］. 金融研究，2000（4）：5 – 15.

［46］肖辉，鲍建平，吴冲锋. 股指与股指期货价格发现过程研究［J］. 系统工程学报，2006，21（4）：438 – 441.

［47］徐成贤，薛宏刚. 金融工程——计算计算与方法［M］. 北京：科学出版社，2007.

［48］徐绪松，宋奇，马莉莉. 基于表示性认知偏差的行为资产组合模型及实证［J］.

2012，32（1）：34 – 40.

　　［49］许云辉，李仲飞. 基于收益序列相关的动态多期资产组合抉择——动态多期收益 – 风险模型［J］. 系统工程理论与实践，2008（8）：123 – 131.

　　［50］薛斐. 基于投资者情绪的投资者行为研究［D］. 上海：复旦大学，2005.

　　［51］闫伟，杨春鹏. 金融市场中投资者情绪研究进展［J］. 华南理工大学学报（社会科学版），2011，13（3）：33 – 43.

　　［52］杨春鹏. 非理性金融［M］. 北京：科学出版社，2008.

　　［53］杨春鹏，吴冲锋，陈敏. 行为金融：认知风险与认知期望收益［J］. 中国管理科学，2005，13（3）：15 – 19.

　　［54］易志高，茅宁. 中国股市投资者情绪测量研究：CICSI 的构建［J］. 金融研究，2009（11）：174 – 184.

　　［55］曾建华，汪寿阳. 一个基于模糊决策理论的资产组合模型［J］. 系统工程理论与实践，2003（1）：1 – 12.

　　［56］张俊喜，张华. 解析我国封闭式基金折价之谜［J］. 金融研究，2003（12）：49 – 60.

　　［57］张强，杨淑娥，杨红. 中国股市投资者情绪与股票收益的实证研究［J］. 系统工程，2007，25（7）：13 – 17.

　　［58］张强，杨淑娥. 噪音交易、投资者情绪波动与股票收益［J］. 系统工程理论与实践，2009，29（3）：40 – 47.

　　［59］张卫国. 不相关风险资产组合投资优化模型及实证分析［J］. 系统工程理论与实践，1998，18（4）：34 – 40.

　　［60］张卫国. 现代资产组合理论——模型、方法与应用［M］. 北京：科学出版社，2007.

　　［61］庄锦英. 投资者情绪与决策的关系［J］. 心理科学进展，2003，11（4）：423 – 431.

外文部分

　　［1］Abreui M，Mendesi V. Financial literacy and portfolio diversification［J］. Quantitative Finance，2010，10（5）：515 – 528.

　　［2］Amihud Y，Mendelson H. Asset pricing and the bid-ask spread［J］. Journal of Financial Economics，1986，17（2）：223 – 249.

　　［3］Andersen T G，Bollerslev T. Answering the critics：yes，ARCH models do provide good volatility forecasts［J］. International Economic Review，1998，139（4）：885 – 905.

　　［4］Andersen T G，Bollerslev T，Diebold F X，et al. The distribution of realized stock volatility［J］. Journal of Financial Economics，2001，61（1）：43 – 76.

［5］ Antoniou C, Doukas J A, Subrahmanyam A. Investor Sentiment and Momentum ［R］. Working Paper, 2009.

［6］ Arditti F. Portfolio efficient analysis in three moment: the multiperiod case ［J］. Journal of Finance, 1975, 3: 797 - 809.

［7］ Arkes H, Herren L, Isen A. The role of potential loss in the influence of affect on risk taking behavior ［J］. Organizational Behavior and Human Decision Processes, 1988, 35: 124 - 140.

［8］ Armony J L, Servan-Schreiber D, Cohen J D, et al. Computational modeling of emotion: explorations through the anatomy and physiology of fear conditioning ［J］. Trends in Cognitive Sciences, 1997, 1: 28 - 34.

［9］ Arzac E R, Bawa V S. Portfolio choice and equilibrium in capital market with safety-first investors ［J］. Journal of Financial Economics, 1977, 4: 277 - 288.

［10］ Baker M, Stein J. Market liquidity as a sentiment indicator ［J］. Journal of Financial Markets, 2004, 7 (3): 271 - 299.

［11］ Baker M, Wurgler J. Investor sentiment and the cross-section of stock returns ［J］. Journal of Finance, 2006, 61: 1645 - 1680.

［12］ Baker M, Wurgler J. Investor sentiment in the stock market ［J］. Journal of Economic Perspective, 2007, 21 (2): 129 - 151.

［13］ Barber B, Odean T. Boys will be boys: gender, overconfidence, and common stock investment ［J］. Quarterly Journal of Economics, 2001, 141: 261 - 292.

［14］ Barndorff-Nielsen O E, Shephard N. Power and bipower variation with stochastic volatility and jumps ［J］. Journal of Financial Econometrics, 2004, 2 (1): 1 - 48.

［15］ Barsky R B, Kimball M S, Juster F T, et al. Preference parameters and behavioral heterogeneity: an experimental approach in the health and retirement survey ［J］. Quarterly Journal of Finance, 1997, 46: 1009 - 1044.

［16］ Bechara A, Damasio H, Tranel D, et al. Deciding advantageously before knowing the advantageous strategy ［J］. Science, 1997, 275: 1293 - 1295.

［17］ Bell D E. Disappointment in decision making under uncertainty ［J］. Operations Research, 1985, 3: 1 - 27.

［18］ Bell D E. Regret in decision making under uncertainty ［J］. Operations Research, 1982, 30: 961 - 981.

［19］ Benartzi S, Thaler R. Naive diversification strategies in defined contribution savings plans ［J］. American Economic Review, 2001, 91: 79 - 98.

［20］ Benartzi S. Excessive extrapolation and the allo-cation of 401 (k) accounts to company stock [J]. Journal of Finance, 2001, 56: 1747 – 1764.

[21] Benos A. Aggressiveness and survival of overconfident traders [J]. Journal of Financial Markets, 1998, October: 353 – 383.

[22] Bernile G, Lyandres E. Understanding Investor Sentiment: The Case of Soccer [R]. Boston University, Working paper, 2007.

[23] Blume M E, Friend I. The demand for risky assets [J]. American Economic Review, 1975, 65: 900 – 922.

[24] Bower G. Mood and Memory [J]. American Psychologist, 1981, 36: 129 – 148.

[25] Boyle P, Garlappi L, Uppal R, et al. Keynes meets Markowitz: the tradeoff between familiarity and diversification [J]. Management Science, 2012, 58 (2): 253 – 272.

[26] Bradley D, Gonas J, Highfield M, et al. An examination of IPO secondary market returns [J]. Journal of Corporate Finance, 2009, 15 (3): 316 – 330.

[27] Brennan M J, Schwartz E S. On the geometric mean index: a note [J]. Journal of Financial and Quantitative Analysis, 1985, 1: 119 – 122.

[28] Brennan M, Chordia T, Subrahmanyam A. Alternative factor specifications, security characteristics, and the cross-section of expected stock returns [J]. Journal of Financial Economics 1998, 49 (3): 345 – 373.

[29] Brennan M, Subrahmanyam A. Market microstructure and asset pricing: on the compensation for illiquidity in stock returns [J]. Journal of Financial Economics, 1996, 41 (3): 441 – 464.

[30] Brennan M, Cao H, Strong N, et al. The dynamics of international equity market expectations [J]. Journal of Financial Economics, 2005, 77: 257 – 288.

[31] Brooks C. Introductory Econometrics for Finance [M]. Cambridge University Press, UK. 2008.

[32] Brown G W, Cliff M T. Investor sentiment and asset valuation [J]. Journal of Business, 2005, 78 (2): 405 – 440.

[33] Brown G, Cliff M. Investor sentiment and the near-term stock market [J]. Journal of Empirical Finance, 2004, 11 (1): 1 – 27.

[34] Brown J R, Ivkovic Z, Smith P A, et al. Neighbors matter: causal community effects and stock market participation [J]. Journal of Finance, 2008, 63 (3): 1509 – 1531.

[35] Burdekin R C K, Redfern L. Stock market sentiment and the draining of China's savings deposits [J]. Economics Letters, 2009, 102: 27 – 29.

[36] Cai X Q, Teo K L, Yang X Q, et al. Portfolio optimization under a minimax rule [J]. Management Science, 2000, 46: 957 – 972.

[37] Campbell R, Huisman R, Koedijk K. Optimal portfolio selection in a value-at-risk framework [J]. Journal of Banking and Finance, 2001, 25: 1189 – 1804.

[38] Carhart M. On persistence in mutual fund performance [J]. Journal of Finance, 1997, 52: 41 – 57.

[39] Chaboud A P, Chiquoine B, Hjalmarsson E, et al. Frequency of observation and the estimation of integrated volatility in deep and liquid financial markets [J]. Journal of Empirical Finance, 2010, 17 (2): 212 – 240.

[40] Chan K, Covrig V, Ng L. What determines the domestic bias and foreign bias? evidence from mutual fund equity allocations worldwide [J]. Journal of Finance, 2005, 60: 1495 – 1534.

[41] Chen N, Kan R, Miller M. Are the discounts on closed-end funds a sentiment index? [J]. Journal of Finance, 1993, 48 (2): 795 – 800.

[42] Chiang M C, Tsai I C, Lee C F. Fundamental indicators, bubbles in stock returns and investor sentiment [J]. The Quarterly Review of Economics and Finance, 2011, 51: 82 – 87.

[43] Christie W, Huang R. Following the pied piper: do individual returns herd around the market? [J]. Financial Analysts Journal, 1995, 4: 31 – 37.

[44] Cohen L. Loyalty-based portfolio choice [J]. Review of Financial Studies, 2009, 22 (3): 1213 – 1245.

[45] Cooper I, Kaplanis E. Home bias in equity portfolios, inflation hedging, and international capital market equilibrium [J]. The Review of Financial Studies, 1994 (7): 45 – 60.

[46] Coricelli G, Critchley H D, Joffily M, et al. Regret and its avoidance: a neuroimaging study of choice behavior [J]. Nature Neuroscience, 2005, 8 (9): 1255 – 1262.

[47] Coval J, Moskowitz T. Home bias at home: local equity preference in domestic portfolios [J]. Journal of Finance, 1999, 54: 2045 – 2073.

[48] Coval J, Moskowitz T. The Geography of Investment: informed trading and asset prices [J]. Journal of Political Economy, 2001, 109 (4): 811 – 841.

[49] Cox J C, Huang C F. Optimal consumption and portfolio polices when asset prices when asset prices follow a diffusion process [J]. Journal of Economic Theory, 1989, 49: 33 – 83.

[50] De Bondt W F M, Thaler R H. Financial decision-making in markets and firms: a behavioral perspective [J]. Handbooks in Operations Research and Management Science, 1995, 9: 385 – 410.

[51] De Bondt W F M. A portrait of the individual investor [J]. European Economic Review, 1998, 42: 831 – 844.

[52] De Brouwer P. Maslowian portfolio theory: an alternative formulation of the behavioral

portfolio theory [J]. Journal of Asset Management, 2009 (9): 359 – 365.

[53] Deaves R, Luders E, Luo G Y. An experimental test of the impact of overconfidence and gender on trading activity [J]. Review of Finance, 2009, 13 (3): 555 – 575.

[54] Dumas B, Kurshev A, Uppal R. Equilibrium portfolio strategies in the presence of sentiment risk and excess volatility [J]. The Journal of Finance, 2009, 64 (2): 579 – 629.

[55] Dumas B, Luciano E. An exact solution to a dynamic portfolio choice problem under transactions costs [J]. Journal of Finance, 1991, 46: 577 – 595.

[56] Elton E J, Gruber M J. An algorithm for maximizating the geometric mean [J]. Management Science, 1974 (3): 483 – 488.

[57] Elton E J, Gruber M J. Busse J. Do investors care about sentiment? [J]. Journal of Business, 1998, 71 (4): 477 – 500.

[58] Elton E J, Gruber M J. Modern Portfolio Theory and Investment Analysis [M]. New York, NY: John Wiley and Sons, 1995.

[59] Elton E J, Gruber M J. Taxes and portfolio composition [J]. Journal of Financial Economic, 1978 (6): 399 – 410.

[60] Ernst M, Paulus M P. Neurobiology of decision making: a selective review from a neurocognitive and clinical perspective [J]. Biology Psychiatry, 2005, 58: 597 – 604.

[61] Eysenck M W. Anxiety: The Cognitive Perspective [M]. Hove, England: Erlbarm. 1992.

[62] Fama E F, French K R. Common risk factors of expected stock returns [J]. Journal of Finance, 1993, 47: 427 – 465.

[63] Fama E F, French K R. Disagreement, tastes, and asset prices [J]. Journal of Financial Economics, 2007, 83: 667 – 689.

[64] Fama E F, French K R. Multifactor explanations of asset pricing anomalies [J]. The Journal of Finance, 1996, 51 (1): 55 – 84.

[65] Fama E F, French K R. Size and book-to-market factors in earnings and returns [J]. Journal of Finance, 1995, 50: 131 – 155.

[66] Fama E F. Multiperiod Consumption-Investment Decisions [M]. American Econ Rev, 1970, 60: 163 – 174.

[67] Feinstein C D, Thapa M N. Notes: a reformation of a mean-absolute deviation portfolio optimization [J]. Management Science, 1993, 39: 1552 – 1553.

[68] Fisher K L, Statman M. Consumer confidence and stock returns [J]. Journal of Portfolio Management, 2003, 30: 115 – 128.

[69] Fisher K L, Statman M. Investor sentiment and stock returns [J]. Financial Analysts

Journal, 2000, 56 (2): 16 – 23.

[70] Frazzini A, Lamont O A. Dumb money: mutual fund flows and the cross section of stock returns [J]. Journal of Financial Economics, 2008, 88 (2): 299 – 322.

[71] French K, Poterba J. Investor diversification and international equity markets [J]. American Economic Review, 1991, 81: 222 – 226.

[72] Friedman M, Savage J. The utility analysis of choices involving risk [J]. Journal of Political Economy, 1948, 56: 279 – 304.

[73] Fu C P, Lari-Lavassani A, Li X. Dynamic mean-variance portfolio selection with borrowing constraint [J]. European Journal of Operational Research, 2010, 200 (1): 312 – 319.

[74] Glaser M, Weber M. Overconfidence and trading volume [J]. The Geneva Risk and Insurance Review, 2007, 32 (1): 1 – 36.

[75] Glosten L, Jagannathan R, Runkle D. On the relation between the expected value and the volatility of the nominal excess return on stocks [J]. Journal of Finance, 1993, 48 (5): 1779 – 1801.

[76] Grinblatt M, Keloharju M. How distance, language, and culture influence stockholdings and trades [J]. Journal of Finance, 2001, 56: 1053 – 1073.

[77] Hertel G, Neuhof J, Theuer T, et al, Mood effects on cooperation in small groups: does positive mood simply lead to more cooperation? [J]. Cognition and Emotion, 2000 (14): 441 – 472.

[78] Hnatkovska V. Home bias and high turnover: dynamic portfolio choice with incomplete markets [J]. Journal of International Economics, 2010, 80: 113 – 128.

[79] Holmstrem B, Tirole J. LAPM: a liquidity-based asset pricing model [J]. Journal of Finance, 2001, 56 (5): 1837 – 1867

[80] Huang C F, Litzenberger, R. Foundations for Financial Economics [M]. New York: North-Holland, 1988.

[81] Huberman G. Familiarity breeds investment [J]. Review of Financial Studies, 2001 (14): 659 – 680.

[82] Ivkovic Z, Weisbenner S. Information diffusion effects in individual investors' common stock purchases: covet thy neighbors' investment choices [J]. Review of Financial Studies, 2007, 20 (4): 1327 – 1357.

[83] Jean W H, Helms B R. Geometric mean approximations [J]. Journal of Financial and Quantitative Analysis, 1983 (3): 287 – 294.

[84] Jiang C, Ma Y, An Y. An analysis of portfolio selection with background risk [J]. Journal of Banking and Finance, 2010, 34: 3055 – 3060.

[85] Jin H Q, Yan J A, Zhou X Y. Continuous-time mean-risk portfolio selection [J]. Ann. L'Institut Henri Poncare-Prob. And Stat. , 2005, 41: 559 – 580.

[86] Johnson E J, Tversky A. Affect, generalization, and the perception of risk [J]. Journal of Personality and Social Psychology, 1983, 45: 20 – 31.

[87] Jones C. A Century of Stock Market Liquidity and Trading Costs [R]. Columbia University, Working paper, 2002.

[88] Kahneman D, Tversky A. Prospect theory: an analysis of decision under risk [J]. Econometrica, 1979, 47: 263 – 291.

[89] Kaniel R, Saar G, Titman S. Individual Investor Sentiment and Stock Returns [R]. NYU Working Paper No. SC – CFE – 04 – 04, 2004.

[90] Karlsson A, Norden L. Home sweet home: home bias and international diversification among individual investors [J]. Journal of Banking and Finance, 2007, 31 (2): 317 – 333.

[91] Kilka M, Weber M. What determines the shap of the probability weighting [J]. International Journal of Service Industry Management, 1997 (5): 414 – 434.

[92] Kling G, Gao L. Chinese institutional investors' sentiment [J]. Journal of International Financial Markets, Institutions and Money, 2008, 18 (4): 374 – 387.

[93] Kondor I, Pafka S, Nagy G. Noise sensitivity of portfolio selection under various risk measures [J]. Journal of Banking & Finance, 2007, 31 (5): 1545 – 1573.

[94] Konno H, Suzuki K. A mean-variance-skewness optimization model [J]. Journal of the Operations Research Society of Japan, 1995, 38: 173 – 187.

[95] Konno H, Yamazaki H. Mean-absolute deviation portfolio optimization model and its application to Tokyo stock market [J]. Management Science, 1991, 37: 519 – 531.

[96] Krokhmal P, Palmquist J, Uryasev S. Portfolio optimization with conditional value-at-risk objective and constraints [J]. Journal of Risk, 2002 (4): 11 – 27.

[97] Kumar A, Lee M C. Retail investor sentiment and return comovements [J]. Journal of Finance, 2006, 61 (5): 2451 – 2486.

[98] LeDoux J. The Emotional Brain [M]. New York: Simon, Schuster, 1996.

[99] Lee C, Shleifer A, Thaler R. Investor sentiment and the closed-end fund puzzle [J]. Journal of Finance, 1991, 46 (1): 75 – 109.

[100] Lee D. Neural basis of quasi-rational decision making [J]. Current Opinion in Neurobiology, 2006 (16): 191 – 198.

[101] Lee W Y, Jiang C X, Indro D C. Stock market volatility, excess returns, and the role of investor sentiment [J]. Journal of Banking and Finance, 2002, 26 (12): 2277 – 2299.

[102] Lemmon M, Portniaguina E. Consumer confidence and asset prices: Some empirical

evidence [J]. Review of Financial Studies, 2006 (19): 1499 – 1529.

[103] Lessard D R. World, county and industry relationships in equity returns: implications for reduction through international diversification [J]. Financial Analysts Journal, 1976, 32 (1): 2 – 8.

[104] Levy H, Sarnat M. International diversification of investment portfolios [J]. American Economic Review, 1970, 60: 668 – 675.

[105] Li D, Ng W L. Optimal dynamic portfolio selection: Multi-period mean-variance formulation [J]. Mathematical Finance, 2000 (10): 387 – 406.

[106] Li X, Zhou X Y, Lim A E B. Dynamic mean-variance portfolio selection with no-shorting constraints [J]. Journal on Control and Optimization, 2002, 40: 1540 – 1555.

[107] Liao T L, Huang C J, Wu C Y. Do fund managers herd to counter investor sentiment? [J]. Journal of Business Research, 2011, 64 (2): 207 – 212.

[108] Lim A E B, Zhou X Y. Mean-variance portfolio selection with random parameters [J]. Mathematics of Operations Research, 2002 (27): 101 – 120.

[109] Lintner J. The valuation of risk assets and the selection of risky investments in stock portfolios and capital budgets [J]. Review of Economics and Statistics 1965, 47: 13 – 37.

[110] Ljungqvist A, Nanda V, Singh R. Hot markets, investor sentiment, and IPO pricing [J]. Journal of Business, 2006, 79 (4): 1667 – 1702.

[111] Loomes G, Sugden R. Disappointment and dynamic consistency in choice under uncertainty [J]. Review of Economic Studies, 1986, 53: 271 – 282.

[112] Loomes G, Sugden R. Regret theory: an alternative of rational choice under uncertainty [J]. Economic Journal, 1982, 92: 805 – 824.

[113] Lopes L. Between hope and fear: the psychology of risk [J]. Advances in Experimental Social Psychology, 1987 (20): 255 – 295.

[114] Lopes L. Risk and distributional inequality [J]. Journal of Experimental Psychology: Human Perception and Performance, 1984 (10): 465 – 485.

[115] Luce R D, Fishburn P C. A note on deriving rank-dependent utility using additive joint receipt [J]. Journal of Risk and Uncertainty, 1995 (11): 5 – 16.

[116] Magi A. Portfolio choice, behavioral preferences and equity home bias [J]. The Quarterly Review of Economics and Finance, 2009, 49: 501 – 520.

[117] Malevergne Y, Sornette D. Higher-moment portfolio theory. The Journal of Portfolio Management, 2005, 31 (4): 49 – 55.

[118] Mansini R, Speranza M G. Heuristic algorithm for the portfolio selection problem with minimum transaction lots [J]. European Journal of Operational Research, 1999, 114: 219 – 233.

[119] Mao J. Models of capital budgeting, E-V versus E-S [J]. Journal of Financial and Quantitative Analysis, 1970, 5: 657 – 675.

[120] Markowitz H. Portfolio selection [J]. Journal of Finance, 1952 (7): 77 – 91.

[121] Markowitz H. Portfolio Selection: Efficient Diversification of Investment [M]. New York: John Wiley and Sons, 1959.

[122] Martens M, Dijk D. Measuring volatility with the realized range [J]. Journal of Econometrics, 2007, 138 (1): 181 – 207.

[123] Maslow A H. A theory of human motivation [J]. Psychological Review, 1943, 50 (4): 370 – 396.

[124] Mavruk T. Local bias of investors in sweden [J]. International Research Journal of Finance and Economics, 2008 (22): 7 – 25.

[125] Mellers B A, Schwartz A, Ritov I. Emotion-based choice [J]. Journal of Experimental Psychology: General, 1999, 128: 332 – 345.

[126] Morse A, Shive S. Patriotism in your portfolio [J]. Journal of Financial Markets, 2011, 14 (2): 411 – 440.

[127] Morton A J, Pliska S. Optimal portfolio management with fixed transactions costs [J]. Mathematics Finance, 1995 (4): 337 – 356.

[128] Mossin J. Equilibrium in a capital asset market [J]. Econometrica 1966, 35: 768 – 783.

[129] Mossin J. Optimal multi-period portfolio selection policies [J]. Journal of Business, 1968, 41: 215 – 229.

[130] Neal R, Wheatley S. Do measures of investor sentiment predict returns? [J]. Journal of Financial and Quantitative Analysis 1998, 33 (4): 523 – 547.

[131] Odean T. Volume, volatility, price, and profit when all traders are above average [J]. Journal of Finance, 1998, LIII (6): 1887 – 1916.

[132] Oehler A, Rummer M, Wendt S. Portfolio selection of german investors: on the causes of home-biased investment decisions [J]. Journal of Behavioral Finance, 2008, 9 (3): 149 – 162.

[133] Patton A J, Sheppard K. Optimal combinations of realized volatility estimators [J]. International Journal of Forecasting, 2009, 25 (2): 218 – 238.

[134] Raghunathan R, Pham M T. All negative moods are not equal: motivational influences of anxiety and sadness on decision making [J]. Organizational Behavior and Human Decision Processes, 1999, 79: 56 – 77.

[135] Rockafellar R T, Uryasev S. Conditional value-at-risk for general loss distributions

[J]. Journal of Banking and Finance, 2002, 26: 1443 – 1471.

[136] Rockafellar R T, Uryasev S. Optimization of conditional value-at-risk [J]. Journal of Risk, 2000 (2): 21 – 41.

[137] Ross S. The arbitrage theory of capital asset pricing [J]. Journal of Economic Theory, 1976 (13): 341 – 360.

[138] Roy A D. Safety-first and the holding of assets [J]. Econometrics, 1952 (20): 431 – 449.

[139] Samuelson W, Zeckhauser J. Status quo bias in decision making [J]. Journal of Risk and Uncertainty, 1988 (1): 7 – 59.

[140] Sanjiv D, Markowitz H, Scheid J, et al. Portfolio optimization with mental accounts [J]. Journal of Financial and Quantitative Analysis, 2010, 45: 311 – 334.

[141] Servan-Schreiber D, Perlstein W M. Selective limbic activation and its relevance to emotional disorders [J]. Cognition and Emotion, 1998 (12): 331 – 352.

[142] Sharpe W. Capital asset prices: a theory of market equilibrium under conditions of risk [J]. Journal of Finance, 1964 (19): 425 – 442.

[143] Sharpe W. Simplified model for portfolio selection analysis [J]. Management Science, 1963 (9): 277 – 293.

[144] Shefrin H, Statman M. Behavioral portfolio theory [J]. Journal of Financial and Quantitative Analysis, 2000 (35): 127 – 151.

[145] Shefrin H. Behavioralizing Finance [M]. Now Publishers, 2010.

[146] Shefrin H. Do investors expect higher returns from safer stocks than from riskier stocks [J]. Journal of Psychology and Financial Markets, 2001 (4): 176 – 181.

[147] Shefrin H. Statman M. Behavioral capital asset pricing theory [J]. Journal of Financial and Quantitative Analysis, 1994 (29): 323 – 349.

[148] Sheu H-J, Wei Y-C. Effective options trading strategies based on volatility forecasting recruiting investor sentiment [J]. Expert Systems with Applications, 2011, 38: 585 – 596.

[149] Simon T J. Reconceptualizing the origins of number knowledge: a 'non-numerical' account [J]. Cognitive Development, 1997, 12 (3): 349 – 372.

[150] Slovic P, Finucane M L, Peters E, et al. The affect heuristic [J]. European Journal of Operational Research, 2007, 177 (3): 1333 – 1352.

[151] Smith K V. A transition model for portfolio revision [J]. Journal of Finance, 1967 (22): 425 – 439.

[152] Solnik B H. Why not diversify internation-ally rather than domestically [J]. Financial Analyst Journal, 1974 (30): 48 – 54.

［153］Solt M E, Statman M. How useful is the sentiment index? ［J］. Financial Analysts Journal, 1988, 44（5）: 45 – 55.

［154］Statman M, Fisher K L, Anginer D. Affect in a behavioral asset-pricing model ［J］. Financial Analysts Journal, 2008, 64（2）: 20 – 29.

［155］Statman M, Woods V. Investment temperament ［J］. Journal of investment consulting, 2004, 7: 55 – 66.

［156］Steinbach M C. Markowitz revisited: mean-variance models in financial portfolio analysis ［J］. SIAM Review, 2001（43）: 31 – 85.

［157］Strong N, Xu X Z. Understanding the equity home bias: evidence from survey data ［J］. Review of Economics and Statistics, 2003, 85（2）: 307 – 312.

［158］Tanaka H, Guo P. Portfolio selection based on upper and lower wxxponential possibility distributions ［J］. European Journal of Operational Research, 1999, 114: 115 – 126.

［159］Telser L. Safety first and hedging ［J］. Review of Economic Studies, 1955（23）: 1 – 16.

［160］Tesar L, Werner I. The Internationalization of Securities Markets Since the 1987 Crash ［M］//Litan R, Santomero A. Brookings-Wharton Papers on Financial Services. Washington: The Brookings Institution, 1998.

［161］Thaler R H. Advances in Behavioral Finance ［M］. Volume II, New York: Published by New York Princeton University, 2005.

［162］Tversky A, Kahneman D. Advances in prospect theory: cumulative representation of uncertainty ［J］. Journal of Risk and Uncertainty, 1992（5）: 297 – 323.

［163］Tversky A, Kahneman D. Judgment under uncertainty: heuristics and biases ［J］. Science, 1974, 185（4157）: 1124 – 1131.

［164］Verma R, Soydemirb G. The impact of individual and institutional investor sentiment on the market price of risk ［J］. The Quarterly Review of Economics and Finance, 2009, 49: 1129 – 1145.

［165］Verma R, Verma P. Noise trading and stock market volatility ［J］. Journal of Multinational Financial Management, 2007, 17（3）: 231 – 243.

［166］Victor D, Lorenzo G, Raman U. Optimal versus naive diversification: how inefficient is the 1/N portfolio strategy? ［J］. The Review of Financial Studies, 2009, 22（5）: 1915 – 1953.

［167］Wang S Y, Zhu S S. On fuzzy portfolio selection problems ［J］. Fuzzy Oprimization and Decision Making, 2002, 1: 361 – 377.

［168］Watada J. Fuzzy portfolio selection and its applications to decision making ［J］. Tatra

Mountains Mathematical Publication, 1997 (13): 219 –248.

［169］ Wilson T D, Schooler J W. Thinkking too much: introspection can reduce the quality of preferences and decisions ［J］. Journal of Personality and Social Psychology, 1991, 60: 181 –192.

［170］ Wright W F, Bower G H. Mood effects on subjective probability assessment ［J］. Organizational Behavior and Human Decision Processes, 1992, 52: 276 –291.

［171］ Yan H. Is noise trading cancelled out by aggregation? ［J］. Management Science, 2010, 57 (7): 1047 –1059.

［172］ Yang C P. Xie J. Sentiment perceived portfolio optimization ［J］. Journal of Convergence Information Technology, 2011, 6 (12): 203 –209.

［173］ Yiu K F C. Optimal portfolios under a value-at-risk constraint ［J］. Journal of Economic Dynamics and Control, 2004, 28: 1317 –1334.

［174］ Young M R. A minimax portfolio selection rule with linear programming solution ［J］. Management Science, 1998, 44: 673 –683.

［175］ Young W, Trent R. Geometric mean approximations of individual securities and portfolio performance ［J］. Journal of Financial and Quantitative Analysis, 1969, 2: 179 –199.

［176］ Yu J F, Yuan Y. Investor sentiment and the mean-variance relation ［J］. Journal of Financial Economics, 2011, 100 (2): 367 –381.

［177］ Zajonc R B. Feeling and thinking: preferences need no inference ［J］. American Psychologist, 1980 (35): 151 –175.

［178］ Zanna M P, Rempel J K. Attitudes: A New Look at an Old Concept ［M］//Bar-Tal D, Kruglanski A W. The Social Psychology of Knowledge. Cambridge, England: Cambridge University Press, 1988: 315 –334.

［179］ Zhang W G, Xiao W L, Xu W J. A possibilistic portfolio adjusting model with new added assets ［J］. Economic Modelling, 2010, 27: 208 –213.

［180］ Zhou X Y, Li D. Continuous time mean-variance portfolio selection: A stochastic LQ framework ［J］. Applied Mathematics and Optimization, 2000 (42): 19 –33.

［181］ Zhu N. The Local Bias of Individual Investors ［R］. Yale School of Management Working Papers from Yale School of Management, 2009.

［182］ Zhu S S, Li D, Wang S Y. Risk control over bankruptcy in dynamic portfolio selection: A generalized mean-variance formulation ［J］. IEEE Transactions on Automatic Control, 2004, 49: 447 –457.

［183］ Zweig J. America's top pension fund ［J］. Money, 1998, 27 (1): 114 –118.